わたしの仕事 4

社会保険労務士

大東恵子 著

新水社

もくじ

INTERNET

はじめに

人生はいつ何が起こるかわかりません。
今、偶然この本を手に取ったあなた。社会保険労務士（＝社労士）の「社」の字も知らないあなたが、数年後には社労士として第一線で活躍している。そんなことも十分あり得ます。なぜなら私がそうだったから……。

22歳。学生時代から憧れていた商社ＯＬになった私は、入社して数年間は毎日がきらきらと輝き、それはそれは楽しい日々を送っていました。でもそんな楽しい日々は長くは続かず、毎日同じことの繰り返しに思えて「このままでいいのだろうか……」と不安になっていた25歳のころ、たまたま書店に立ち寄り、資格の本のコーナーで、「社会保険労務士」が目に留まりました。経済学部出身だったため、「税理士」や「公認会計士」にはなじみがありましたし、友人にもいましたが、「社会保険労務士」は周りに誰もいません。「一体何なの、この資格?」と思いましたが、とりあえず、この社会保険労務士の資格を目指してみることにしました。理由は単純です。その本の帯に「会社を辞めずに一年で資格の取得が可能！」と書いてあったからです。この言葉を真に受けて、なんと翌日には、資格の学校の申し込みを終えていたのでした。あの日から、はや17年。今、私は『あすか社会保険労務士法人』の代表として、全国に3カ所の事務所を構え、おかげさまで充実した毎日を過ごしています。

思い返せば、とりあえずの思いで勉強し、受験した資格試験になんとか合格しました。その後会社の事情もあって開業した私でしたが、開業当初は、日々、与えられた仕事をこなしているうちに、気づいてみれば1日が過ぎ、1年もあっという間に過ぎてしまいました。

「まさかこんなに長く社労士を続けられるなんて！」と、振り返るたびに感慨をおぼえます。そして今では、

「まさかこんなにもやりがいがある仕事だったなんて！」という嬉しい驚きを感じています。

25歳のあのころ、そんなことは全く予想も期待もしていなかったのですが、このすばらしい職業のおかげで、私の人生は大きく変わったのです。

女性の生き方はさまざまです。いろんな選択肢があります。自由といえば自由ですが、だからかえって不自由で、どの道に進むべきか悩んでいる方が大半なのではないでしょうか。

私も20代は、結婚、留学、キャリアウーマン……、どうするべきかさんざん悩みました。しかし社労士になることを決め40代になった今、心から自分が幸せだと感じています。

そして、みなさんに、社労士の一端について知っていただくためにこの本を書くことにしました。

悩み多き女性の一助になれば幸いです。

第1章

社労士っておもしろい！

なぜＯＬの私が社会保険労務士をめざしたのか

商社に入って丸2年。仕事も一周りし、だんだん日常の仕事にも慣れ、残業や休日出勤もなくなってきた頃、大学時代の友人が税理士試験に合格しました。元来、負けん気の強い私は、正直なところ「やられた！」と思いました。私がちゃらちゃらと遊んでいる間にも彼女はストイックに試験勉強をしていたかと思うと、自分が情けなくなったのです。

「時は金なり」。これは今でも私が肝に銘じていることばですが、日々の時間の使い方で徐々に徐々に人生は変わっていくものです。

それまでの私は子供の頃から習い事をたくさんしていました。ピアノ、習字、英会話、学習塾、簿記……。好奇心旺盛だったため、いろんなことに手を出していましたが、どれも最強の武器にはなっていませんでした。

「やはり国家資格が欲しいな」そう思うようになり、書店で体験本を買い求めたり、専門学校の案内を取り寄せるようになりました。そんな時、当時の私にとっては全く意味不明な資格、だけど気になった、それが「社会保険労務士（=社労士）」だったのです。

それまで、「公認会計士」「税理士」には馴染みがありましたし、周りにも会計士、税理士を目指している友人がたくさんいました。ところが「社会保険労務士」は全くの「謎」でした。

知り合いの信頼できる税理士たちに聞いてみると、

「社労士はこれからいいと思うよ」

「認知度は低いし、社労士で食べていけるかっていうと微妙だけど、女性には向いているんじゃない？」

という意見でした。調べてみると、どうも税理士の業務に近いということがわかり、「まあ、いっちょ頑張ってみようか！」と単純に思ったのです。

女性でも損しない仕事

社労士は人事・労務の国家資格者です。国家資格があるからといって、決してそれで生活ができるということにはつながりませんが、それでも人の見る目は違ってきます。

私は商社ＯＬから社会保険労務士に転職したわけですが、私自身の中身は何も変わっていないのに、人の見る目は１８０度変わりました。資格とはおもしろいものです。

商社でＯＬをしていた頃は、「お茶を出してくれる女の子」、「男性のサポートをしている子」と見られていました。特に鉄鋼部門にいましたので、「鉄は国家なり」「女は三歩下がって」の世界でした。しかし、社会保険労務士の資格を取ってからは、一人前のキャリア女性として見られるようになりました。

社会保険労務士としてスタートし、開業をするかどうか迷っていた頃、すでに開業されている女性社労士の方にお話を聞く機会がありました。

私は開口一番、

「女性でも大丈夫なのでしょうか？」

と聞きました。それだけビジネスの世界は男女で差があるものだ、と刷り込まれて生きてきていたのです。しかし、いともあっさり、

「男も女も何も関係ないですよ。（なんでそんな質問するの？）」

という答えをいただいた時は、ものすごく衝撃だったことを今でも鮮明に覚えています。

今の私ならどう答えているか？

「男も女も関係ないですよ、むしろ女性のほうが得なんじゃないですか（笑）」

と、女性であることに不安を持っている人にお話しています。


女性のほうが得かどうかは別としても、私たち士業者は男性であることや女性であることとは関係なく、一人のプロの人間としてビジネスをやっていくので、つきつめればあなた自身の「人間力」が問われます。ですから、性別は一つの個性としてとらえるだけで十分だと思います。

いかにあなた自身を磨き、お客様に気に入っていただけるか。

目に見える商品はまさに「あなた自身」なのです。

働きながら資格が取れる

専門学校に入学申し込みをした商社ＯＬの私は、その翌月から週２日、平日の夜に学校に通い始めました。当時の私は、社会保険労務士の専門分野である社会保険や年金等に全く無知でうとかったのですが（給与明細書をまともに見たことがありませんでした！）、これが幸いにも、未知の世界の勉強が大変興味深く、私は教えられる事柄をスポンジのように吸収していきました。

働きながら学校に行くという、肉体的にはちょっときつい状況でしたが、時間の使い方についても真剣に考える癖がつきましたし、「よく遊び、よく学ぶ」という充実した日々を送ることができました。

試験前3カ月頃からは、学校に行くだけではなく、それ以外の時間もかなり勉強に費やさなければ合格は難しいため、睡眠時間はもちろん、それこそお化粧の時間を削って勉強しました。もちろん、飲み会などもお断りしました。私の知人の男性は、合格までに数年を要しましたが、試験勉強をしていることを隠していたため、周りの人からは、付き合いの悪いやつだと思われていたそうです。

試験前3カ月の間で500時間以上は勉強しました。これはかなりハードスケジュールでしたが、やってやれないことはありません。毎日、「こんな勉強、来年もするのは絶対嫌だ！」と思って髪を振り乱して頑張りました。

努力の甲斐あってか、運がよかったのか、なんとかぎりぎりセーフで一発合格できました。

社労士の資格は、ほとんどの人が働きながら資格を取得しています。

結婚しても続けられるか？

今はたいていの仕事（会社）でも結婚しても女性が働くのは当たり前のことになりましたが、やはり妊娠・出産すると続けられない会社もまだまだ多いのが現状だと思います。

社労士の資格を活かして働く働きかたには、大きくわけて次の二とおりあります。

①資格を活かして会社や事務所に勤務する

②社労士事務所を開業する（自営業者になる）

①か②のどちらかを自分で決めて働くことになります。

①の会社や事務所で働く場合には、やはり普通の会社（事務所）ですので、一般のＯＬさんと

同じように会社によっては長く続けていくことが難しい職場もあるかもしれません。

一方、②の自分で事務所を開業した場合、自分のペースで仕事を決めることができます。ですから結婚しても妊娠しても続けられる、というより続けなければならないのです。

私の場合、40歳まで結婚しませんでした。理由はさまざまありましたが、やはり大きな要因は仕事でした。27歳で開業という道を選び、29歳の時にはスタッフ2名を雇用し、顧問先企業を何十社も抱えていましたので、絶対に仕事は辞めることができませんでした。やがて事務所が大きくなるにつれ責任も大きくなり、「自由業は不自由業」とはよく言ったもので、どんどん自由が利かなくなってきたのです。

そんな中、幸いにも、私の仕事のことをよく理解してくれ、思う存分仕事に打ち込める環境を作ってくれるパートナーに出会えたため、私は結婚し、今も独身時代と変わらず、朝から晩まで仕事中心の生活をすることができています。

私の友人の開業社労士の中にも結婚をしている人たちはみな、子どもも育て、仕事もし、と本当に忙しい中にも充実した日々を送っている素敵な女性がたくさんいます。

社労士になった今、毎日がおもしろい

私は社労士になって今年で17年目ですが、17年と考えると、「よく続いたなあ」と妙に感慨深いものがありますが、本当にアッという間でした。

典型的なB型と言われる私は、かなり前向きな性格で、いいことも悪いことも忘れっぽく、好奇心旺盛で上昇思考が強いと思います。確かに、17年もやっていると、「毎日がおもしろい」ばかりではなく、つらい日（特に開業当初、かわいらしかった頃は）、風邪をひいてしんどくても働かざるを得ない日、悲しい日、がけっぷちに立たされた日等々……たくさんありましたが、後から振り返ると、「ああ、あんなこともあったなあ（笑）」と、つらかったことも懐かしく感じるにすぎません。もともとこんなに強い人間ではなかったと記憶していますし、親もそう申していますので、やはりこの仕事が私の人格を変えたのだな、と思います。

またこの仕事は、普段出会えないような業種の方とお会いできるのがとても楽しく、勉強になります。友人や家族から、「いろんな人と出会えて羨ましい」としょっちゅう言われますが、たくさんの社長のお話を伺っていますと、私も人生を何倍も経験しているように思えてきます。会社の成

長を願い、一緒に悩みを解決していくのが社労士の仕事ですので、社会に貢献でき、やりがいのある仕事に就けたことをうれしく思っています。

そして、新たに顧問契約を結んでいただく際には、たいていの場合、ご紹介（口コミ）でいただくのですが、ご紹介いただき、人と人との縁が繋がっていくことの重みとありがたみ、素晴らしさを身に染みて感じます。手前味噌ですが、われわれの専門分野を買っていただき、「あすかさんに頼んでとても助かったよ」と言っていただけるのがこの仕事の醍醐味です。

今、私は日頃は東京の事務所におり、15名（平成26年4月現在）のメンバーと一緒に仕事をしていますが、開業当初の一人の時と比較して、孤独な感覚は少なくなりました。そして、新しいスタッフが日々成長していく姿を見ていると、わが子のようにかわいく思います。

この仕事は毎日どこかで何かが起こります。日々あらたに起きる出来事に対処していくのは、緊張感があり、やりがいがあります。「辞めた社員が文句を言ってきたのだけれど、どうしたらいいのか……」「社員を採用したいが、給与はいくらくらいがいいかな？」「就業規則を見直さないとまずいので、すぐ来てもらいたい！」などなど、特に昨今は〝労働〟に関するあらゆる依頼と相談が増えてきています。

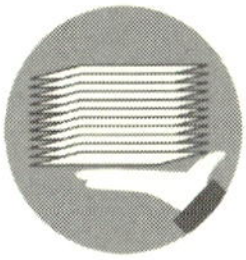

第2章
社労士ってどんな仕事？

仕事の基本は社会保険の手続き業務

たとえば「Ａさん（社長）が会社を立ち上げました」という想定で考えてみましょう。どのような形態の会社であっても、人を雇用した場合、まず最初に必要となるのは労働保険・社会保険の手続きです。

まず初めに、手続きにかかる時間と流れを社長に説明します。次に手続きに必要な添付書類、扶養者の収入確認などの情報を聞き、書面にまとめます。これらを申請書類に記載し、手続きスタートです。

◇労働保険とは

労働保険とは、労災保険と雇用保険のことを指します。

労災保険は例えば仕事中にやけどをしたり、足をけがしたり、出勤途中に事故に遭ったりした場合には、業務災害となり労災保険から保険給付が受けられます。この制度を知らない方は、いつも病院にかかる感覚で、健康保険を使い病院に行かれることでしょう。しかし、労災保険に入っていれば、政府が保障してくれるため、個人負担はありません。また、保険料も全額会社が負担をしてくれるため、けがをした従業員にとって助けになります。

この際の申請手続きは業務災害・通勤災害それぞれの事故によって申請方法が変わってきます。この書類は、いつ、どこで、どんな状況で事故が起こったかを詳細に記載する必要があります。

雇用保険はというと、失業した時などに生活保障として受けられる求職者給付が中心で、雇用継続給付や教育訓練給付、助成金などを受けることができます。雇用保険は会社と従業員の双方に保険料負担が課せられます。失業等給付が軸となる保険で加入すると、教育訓練給付や助成金を受けることができます。

雇用継続給付の中には育児休業給付金という制度があります。労働者が子供を産み、育児休業を取りやすくするためのサポートをする制度です。こちらは、必要条件を満たした従業員が出産し、1年間の休業している期間に、賃金の約半分を支給してくれる制度です。

教育訓練給付は少し特別で、雇用保険に加入した人と雇用保険を止めてからも1年以内であれば給付が受けられます。

これら労働保険料は、年度（4月~翌年3月）で保険料を納めます。冒頭で述べた会社を立ち上げたタイミングが、年度の途中であった場合には、概算で計算した金額を初回に納付し、年度末に確定した保険料を納付するという流れが一般的です。

◇社会保険とは

「会社は立ち上げたけど、実は社会保険に入っていない」という相談を受けることがあります。

社会保険とは健康保険と厚生年金を指します。「健康保険証をできるだけ早く作りたい！」という声は多く、特に、従業員の方の扶養家族で小さなお子様をお持ちの方は「自分よりも先に子どもの保険証が欲しい」と要望されます。

手続きに必要な添付書類の準備、扶養者の収入確認などの情報をお聞きし、書面にまとめてゆきます。例えば、奥さまのパート収入がある場合、年収130万円未満なら扶養家族として申請ができます。お子様がいる場合も同様です。学生でアルバイトをしている場合には、収入を記載する必要があります。

また、初回の加入申請が終了し、その後子どもを出産された場合には追加の申請をすることができます。この場合には子どもの生年月日が加入日となります。

健康保険には出産育児一時金と出産手当金という二つの出産に関する給付金制度もあります。出産育児一時金は、妊娠４カ月以上の方を対象に、出産の際に必要なお金を軽減する目的で1回の出産につき39万円支給される制度です。さらに、リスクを伴う出産、例えば重度脳性麻痺などの障害があることがあらかじめわかっている場合であったり、かなり胎児が大きくなってからの死産の場合などはプラス３万円の42万円が支給されます。

出産手当金は、出産育児一時金とは全く目的が違い、出産の前後で働けなかった期間の生活保障をしてくれる制度です。こちらは、出産日を中心に、出産日以前42日から出産の日後56日までの期間が対象です。支給額はおおよそ給与の２／３程度です。（出産手当金の額より少ないお給与が支払われている場合には、その差額も支給されます。）

子どもは必ず予定日に生まれてくるとは限りません。遅れて出産した場合はどうなるかという質問を受けることがよくありますが、この期間も対象期間として含まれます。【28ページの図表参照】

このように、健康保険には女性にやさしい制度も多くありますので、その都度従業員の方やご家族の状況に合わせて活用できます。

他にも、病気やけがをして仕事ができなくなった場合にも保障が受けられる傷病手当金、1年に1度、身体の健康をチェックする定期健康診断の実施などがあります。国民健康保険には無い、傷病手当金や出産手当金の説明をすることによって、「国民健康保険から健康保険へ切り替えよう！」と考えられる個人事業主もいるため、これらの手続きを代行する仕事も社労士の大切な仕事です。

厚生年金は老後に欠かせない制度となりました。近年、少子高齢化のため相談も多く寄せられているのが現状です。厚生年金の給付には三つあり、「老齢給付」「障害給付」「遺族給付」となっています。

最近は、障害年金の請求についての相談も増えました。中でも精神障害の問い合わせはとても多く、相談の7割から8割に上ってきています。今は、社労士業務の中でも障害年金ブームと言われており、弊社でもこの業務を積極的に行っています。うつ病の発症率が上昇し続けている昨今、この流れは当分続くでしょう。

しかし、相談が多くなってきていると言うことは、審査も厳しくなってきていると言うことでもあります。3級から2級への移行などハードルが高くなかなか申請が通らない事案も数多くあります。日常の生活が本当に厳しく、不自由な身体で一人で生活をしていかなければいけない方も沢山いらっしゃいます。現状を事細かに記載し提出してもなかなか認可が下りず、心が折れそうになることも沢山あります。けれども、お客様の真剣な顔や、一生懸命に病状のことについて説明してくださる姿を見ていると、もう一度やってみよう！　とやる気になります。そして認可が下りたときには、自分のことのように嬉しいものです。もちろん、お客様がとても喜んでくださることが、何よりやりがいにつながっています。

このように、障害年金を受給されたい方のお手伝いができる唯一の国家資格が、社会保険労務士です。年金を専門的に勉強してみるのも一つの方法ではないでしょうか。

労働保険料

労働保険料は労災保険料と雇用保険料を合算したもので、
どちらも厚生労働省に支払います。
労災保険料は職種により決定され、全額事業主が支払います。
雇用保険料は労働者の月酬と保険料率から決定され、
労働者が月酬の0.5%を、会社が0.85%の額を支払います。
例えば小売業（労災保険料率0.35%）、従業者の月収が
200,000円の場合、収めるべき保険料は

：労災保険料 0.35% =¥700 ＋ 雇用保険料 0.85% =¥1700 ＝ ¥2,400

：雇用保険料 0.5% =¥1000 ＝ ¥1,000 となります。

出産手当金

出産の援助を目的とし、国から支払われる手当てです。
出産予定日より前 42 日間、出産日より後 56 日間の
98 日（＋出産予定日より遅れた日数）の産前産後休暇期間について、
1 日あたり標準日額報酬の 3 分の 2 の金額が支払われます。

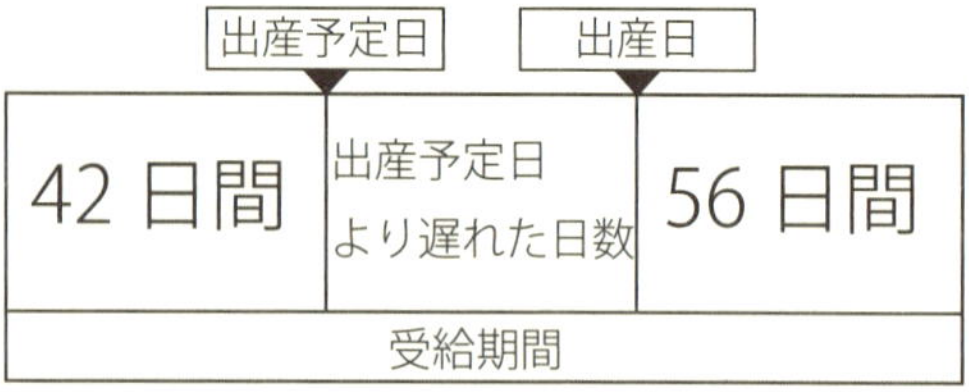

例：月収 27 万円の場合
日額報酬
270,000÷30 =9,000
一日当たりの支給額
$9{,}000 \times \frac{2}{3} = $ ¥6,000

育児休業給付金

育児の援助を目的とし、国から支払われる手当てです。
出産日から最大 10 か月の育児休暇期間中、
月収の半額が支払われます。
例：月収 20 万円の場合
$200{,}000 \times \frac{1}{2} \times 10 = $ ¥1,000,000

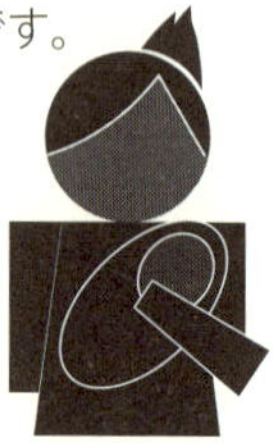

社労士も給与計算

中小企業では、総務が別の仕事を兼務していることが多いため、時間や手間を取り除くために社労士に給与計算を依頼することがよくあります。

前章でもお話しましたが、社労士にとって手続き業務は基本中の基本です。しかし、お客さまにとっては、それだけでは不安が拭いきれません。

労働保険・社会保険は入ったけれど、「毎月どのように保険料を支払ったらいいのか?」「従業員からどのように保険料を徴収したらいいのか?」など、わからないことだらけ。

そこで、社労士はその月に徴収する社会保険料・雇用保険料を計算し、お給与の手取りがいくらになるかまでの計算を行います。

毎月のタイムカードの回収から勤怠集計はもちろん、保険料の計算・納付手続きまでを行います。これが給与計算です。

確定した給与額は給与明細書として発行し、納品までを行います。給与の金額や賞与の支給により保険料額が変更した場合も随時対応します。

勤怠集計は会社によって打刻のシステムが異なります。タイムカードであれば毎月締め日に人数分をまとめて送って頂き、入社時間、休憩時間、退社時間を確認しながら計算を行います。給与システムやエクセル表などの計算式が導入された方法を利用している会社からは、データがメールで送られてくることもあります。近年ではシステム化が進み、外部（例えば社労士）に権限が与えられ、日々の勤怠が外部でも見られるようになっている会社もあります。

このように、タイムカードの入手後は1日ずつの勤怠の集計を行います。月額で決まった額の方は遅刻、早退、欠勤などがないか、有給は発生していないかを確認します。この際に分からないことがあれば会社へ直接伺うこともあります。

パートやアルバイトは、時給や日給であることが多いため、1日ごとに出勤時間、休憩時間、退社時間をみて計算を行います。8時間を超えて勤務した場合には、通常の単価に割り増し率が加算された金額で計算します。

一人ずつの計算が終了後、給与支給日の前々日までには必ず全員分の給与計算の報告をします。なぜ前々日がリミットかといいますと、給与支給日の前日に銀行への振り込みをされるケースが多いからです。

データで報告後、依頼主に確認していただき、当月分の給与の振り込みをして頂きます。同時に給与明細書を発行し、給与支給日の前日までに届けます。

給与計算の流れは以上です。賞与が支給される場合も同様の流れです。賞与で一つ気をつけなければいけない点は、年金事務所への賞与支払い届けの提出です。誰にいくら支払ったかは年金事務所でもわからないので、賞与額にかかる健康保険料、厚生年金保険料を届け出る必要があるからです。雇用保険料も徴収しますが、年に1度なので、すぐに何か提出することはありません。

◇給与計算

給与から徴収する保険料の種類は、雇用保険・健康保険・介護保険・厚生年金保険です。

雇用保険料は年度単位でまとめて納付するものですが、社会保険料は毎月1回、月末に納めます。従業員一人ひとりの毎月支払う給与から、保険料（雇用保険・健康保険・介護保険・厚生年金保険）と税金（所得税・住民税など）を控除します。

これによって、算定基礎届の申告が毎年必ず必要となってきます。算定は4月・5月・6月に受けた報酬の届け出をすることにより、９月からの保険料を見直す1年に1度の届け出です。

例えば、12月入社をして、当初は給料も低く保険料も少ない金額で支払っていたが、４月から役職手当や皆勤手当などがついたことによって、以前より高い給料をもらうようになった。この場合、自ずと保険料も高い金額を払わなければ不釣り合いになりますよね？　このように、給料の上下によって保険料額の変更があることを見込んで1年に1度行う手続きが算定基礎届です。社会保険の控除は前月分の保険料となりますので、正確には10月に支給されるお給料から新しい保険料で計算が行われています。

決まった時期に行うことで、変動があった社員のデータを一度に精算できるというメリットが会社にはあるのです。

◇年末調整

年末調整も同じく毎年1度、年末に行われ、その年に納めるべき税額を届け出て、精算するしくみです。年末調整は税理士の業務ですが、給与計算に密接に関係しますので説明します。年末調整とは、給与の支払を受ける人それぞれの毎月のお給料や賞与などの支払の際に源泉徴収をした税額と、その年のお給与の総額について納めなければならない税額とを比べて、その過不足額を精算する手続きです。

まずは確定申告されない従業員の方々の、配偶者情報、扶養者情報、生命保険や地震保険などの保険の加入情報を専用の用紙に記載していただきます。生命保険については、加入されている生命保険会社より11月頃に証明書が従業員各員の元にとどきます。住宅を購入している場合には税務署もしくは借入れをしている金融機関より証明書がとどきます。これらを添付し、提出していただきます。

これらは毎年決まった時期に行われるので、事前に会社の協力を得て、スムーズに行うことができます。会社を設立された初年度は、特にお客様も初めてのため、勝手がわからず、「なぜ、このようなことを行う必要があるのか?」と質問されることもあります。しかし、上記の算定届のように申請の意味を事前に説明することによって、必要性を理解していただき、書類を前もって準備していただくことも大切です。

年に一度のことですから、どうしても必要書類が多くなってしまいます。しかし、お金がかかわる重要な業務です。

算定基礎届

保険料や年金の計算基準となる標準月額報酬を決定するための届け出です。
４月・５月・６月の給料を平均し、７月１０日までに届け出ます。
９月から一年間適用されます。

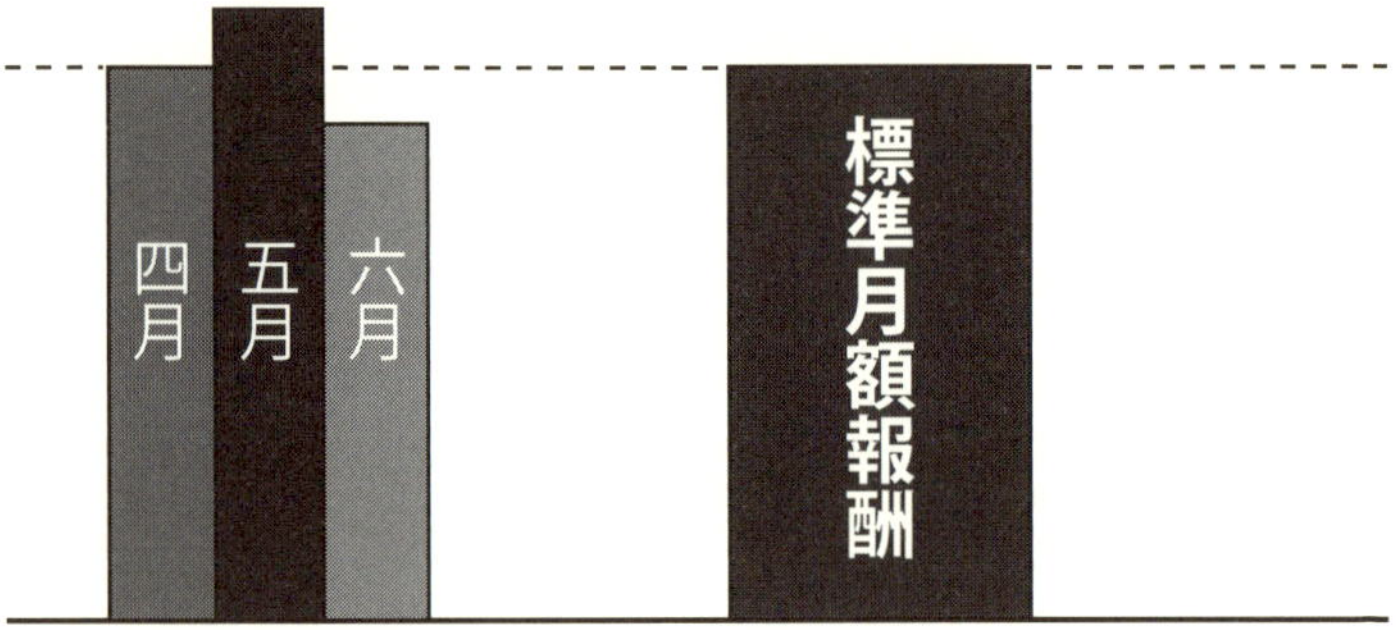

年末調整のフローチャート

所得税の過不足を調整します。
①年末（12 月）まで勤務
②給与が 2,000 万円以下
③扶養控除等申告書を提出している
①～③の条件を満たしている従業者は年末調整が必要です。
上の条件に当てはまらない、または副収入等がある従業者は、確定申告が必要です。

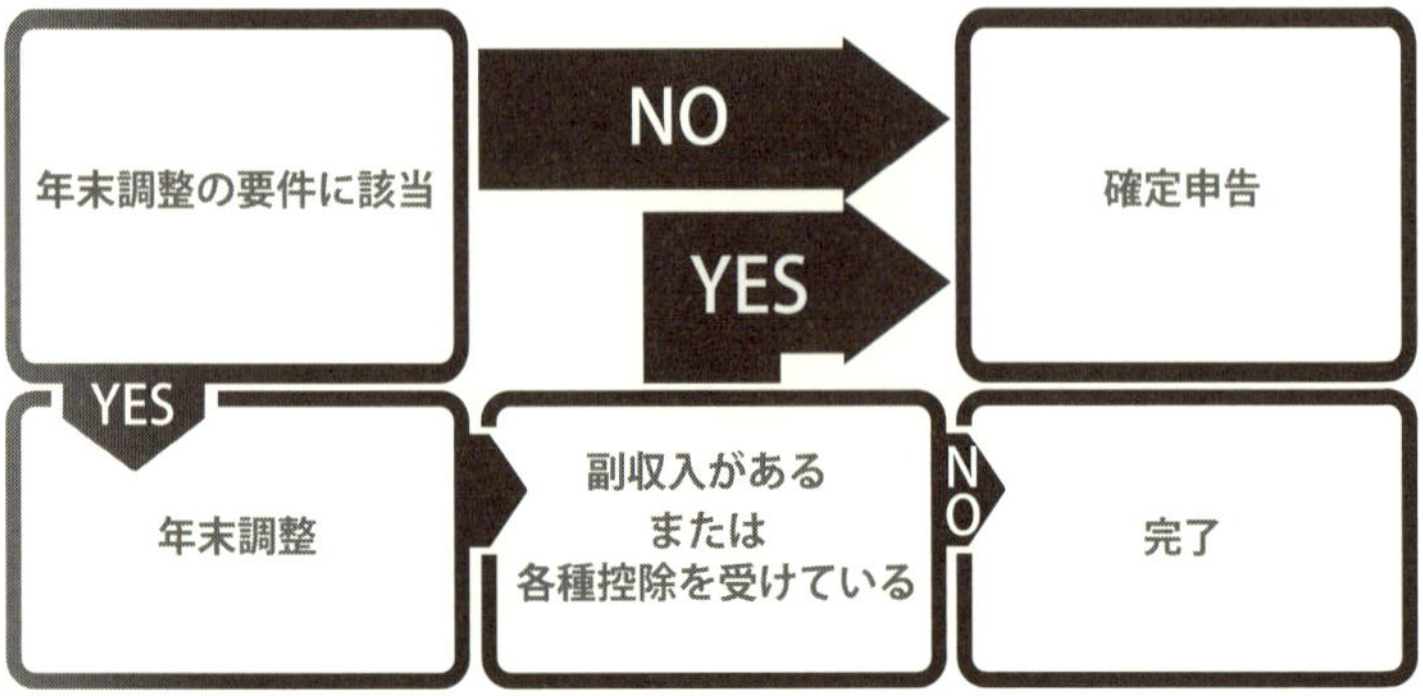

会社の憲法が作れる

会社でまず必要なことは、社長の思い＝「どんな会社にしたいか」です。

これを正しく認識し、従業員の方にも理解していただくことが大切です。そして、これを具体的に記載したものの一つが就業規則と言えるのではないでしょうか。

就業規則は１０人以上の労働者を使用する場合に作成義務があります。今後の会社のあり方、人材の確保、将来のビジョンがこれにより決まってくると言っても過言ではありません。これを理解することができるかによって、従業員も自分とこの会社が合っているかを判断できる基準にもなるのです。良いことを書くばかりでなく、しっかりと会社の掟を決め、退職や制裁の基準を明確にすることによって、会社としての規律を全社員に認識してもらう良い機会となるのです。

◇就業規則作成のサポート

この就業規則作成のサポートも社労士の仕事の一つです！

事業主の立場に立って事業主と一緒に話し合い、創業理念や今後のビジョンなどを伺いながら、どのようなことを社内で重視しているか、また、近年トラブルになった事例はないか、など詳しく社内の状況を聞きます。業種によっては専門的なルールもありますので、法律上の絶対的必要事項から相対的必要記載事項までをお伝えしながら決めてゆきます。

また、福利厚生として、例えば結婚祝い金、出産祝い金、リフレッシュ休暇など、従業員の方々のゆとりある生活のための制度を作ることもできます。気持ちよく働ける内容を盛り込むことで、より働きやすい職場作りのお手伝いができるのです。

就業規則は基本的に事業主が一方的に作りあげるものですが、ここは社労士として専門的な視点から、他社での事例や、基本的な注意事項なども具体的に説明し、会社、従業員それぞれの立場に立って皆にとってよりよいものを作成することが大切です。運用途中で変更も可能ですので、状況に合わせて話し合い、決めていくことができます。

例えば、大雪の日、電車が止まってしまって午前中いっぱい出社できなかった。こんな場合も、取り決めをし、「遅延証明書があれば欠勤扱いにしない」や、「身内が亡くなった、ただ叔父なので少し血縁関係が薄いため本来忌引は1日だが、これからは2日の休暇を与えよう」、などなど具体的なことを記載することが可能です。また、最近ベンチャー企業などで流行っている、「バースデー休暇」や「創立記念日休暇」なども就業規則に盛り込むことができます。
有給休暇、振替休暇、代替休暇の取得も決定でき、通常半年で10日付与される有給休暇を15日に増やしたり、パートさんにも有給休暇はありますので、わかりやすく記載することもできます。この他にも、1週間、1カ月、1年単位の変形労働時間制を採用することができ、繁忙期、閑散期の調整も届け出をすれば会社で活用することができます。

このような具体的な事例を、社労士と話し合いながら就業規則を作っていきます。会社としてはこういった話し合いを重ねる中で、安心感が芽生え、会社を一緒に作り上げてくれるパートナーという意識を社労士に対して抱いてくださることでしょう。

このように、お客様の情報をデータとして数値化し、蓄積し、客観的に経営判断できる材料を増やしていくことが社労士として大切になってきます。お客様のあるべき理想、将来像、社会的地位を勘案し、会社の成長・繁栄につながる提案をすることが、社労士にとっても、やりがいにも繋がります。

◇モチベーションと業績がアップする人事労務制度

就業規則作成のポイントは、人のモチベーションが上がるような制度を作ることです。制度設計や改善を行うことが常に必要とされます。

人事労務は、人に関わる仕事を行うわけですから、社内の人の状況をタイムリーかつ正確に把握することが常に求められます。社員ひとりひとりのやりがいにつながっていくような人事制度であれば、必ず会社の業績もアップします。

最初は就業規則をそれほど重要視していなかった会社でも、徐々に業績が上がってゆけば、「もしや、就業規則を改善したからか?」「改善したことによって、モチベーションが上がっているのか?」などと少しずつ手応えを感じるものです。少しでもいい結果が見え始めたら、誰しも嬉しいですし、それを続けて行こう!　とも思うものです。

お客様の意識が変わっていく姿を間近で見れること、これが社労士としての喜びなのです。

労働条件の明示		就業規則の記載	
絶対的明示事項	①労働契約の期間 ②労働契約の更新の基準 ③就業場所及び業務に関する事項 ④始業時刻及び終業時刻 所定労働時間を超える労働の有無 ⑤賃金の決定、支払い、時期の事項 ⑥退職に関する事項	絶対的必要記載事項	左記④、⑤、⑥
相対的明示事項	⑦退職手当の適用範囲、支給額の決定、支払い方法 ⑧臨時の賃金、賞与および最低賃金の金額 ⑨労働者が負担すべき費用 ⑩安全及び衛生 ⑪職業訓練 ⑫災害補償および業務外の傷病扶助 ⑬表彰および制裁 ⑭休職に関する事項	相対的必要記載事項	左記⑦～⑬に加えて会社が定める事項

明示事項と記載事項

明示事項とは、法律によってなんらかの文書に明示することが義務付けられている事項です。

記載事項は、就業規則への記載が義務付けられている事項です。実際には明示事項のほとんどが就業規則によって明示されることとなります。

相対的事項は、会社が該当する事項を採用している場合に記載が必要となります。（例えば退職金制度のある会社は退職金についての決まりを記載しなければなりません）

助成金で三方良し！

助成金と言われても、すぐには理解できませんよね。

国がお金を支給してくれる制度ですが、名称としては奨励金という名で出されているものも総称して助成金と言います。支給する管轄によって受けられる助成金の種類は異なりますが、経済産業省、厚生労働省、都道府県、市町村などの各団体のものがあります。

この中で厚生労働省が行っている助成金が、社労士の独占業務となっており、社労士しか代行手続きを行うことができません。これ以外の助成金に関しては、他の士業である税理士、司法書士の方々も行うことができます。

なぜ厚生労働省だけなのか？　それは厚生労働省の助成金の財源が雇用保険料の一部から算出されており、雇用確保などが目的だからです。各士業にも独占業務と呼ばれている業務はありますが、社労士として守られている業務の一つがこれになります。

毎年たくさんの用途にあわせた助成金がでてくるため、どれを採用したら良いかが一番悩ましいところです。例えば、起業者向けのもの、未経験者や障害をもった方々の雇用を行ったとき、パートから正社員への雇用形態の変更を行ったとき、研修を行ったときなど、事業の規模や従業員の就業条件にあわせて活用することができます。

銀行からお金を借りると返済しなければいけませんが、返済不要であるこの制度を活用しない手はありません！　国が経済を活性化させるために用意してくれているのですから、活用することは権利でもありますし、会社としての義務とも捉えられるでしょう。

ノーリスクで新しいことに挑戦できるわけですから、前向きに検討したいものです。また、助成金の使用用途に制限がないため、例えば受給後、設備投資に使用することもできますし、社員旅行に使用しても構わないわけです。会社の活動資金に充てることで、将来のビジョンや可能性が無限に広がっていきます。

毎年4月の年度始めに多くの助成金の内容に変更があります。既存の助成金も1年ごと（または半年）に見直しがありますので、全く今までなかった新しい制度や、廃止されるもの、既存の助成金でも必要条件が変更し、より使いやすい内容へと変化する場合があります。そして、その逆に使いにくくなる場合もあるのです。より使いやすい内容とは、申請時の必要条件が厳しいものから緩いものになり、活用しやすくなった場合です。その逆とは条件が緩かったはずが、厳しくなり、より細かい内容になったことで、活用しにくくなった場合のことです。

このように毎年変わる制度なので、企業にとってはパンフレットを読んでもチンプンカンプンの場合が多いようです。専門用語が羅列されているため難しく、イメージが湧かないことも多々あるようです。そんな時、スペシャリストである社労士にご相談いただければ、スムーズに手続きを行うことができます。

また、個人事業主だから助成金が受けられないと思っている方も多いのですが、そのようなこともありません。助成金は法人事業主はもちろん、個人事業主にも活用できる制度なのです。

助成金の活用は会社としては理想の会社に近づけるための大きなチャンスでもありますし、成長速度がグンと上がるターニングポイントでもあります。これをノーリスクでやれることは絶好のチャンスなのです。

助成金は1度に1コースしか受けられないと思われている方が多いのですが、そんなこともありません。複数のコースを併用できますし、内容も業務に関わるものから健康に関する項目まで多岐にわたります。選択肢も幅広いため、自由に活用できます。

助成金の金額についてお話すると、支給額が時間単位で支給されるもの、会社の規模によって支給金額が異なるものがあります。大企業より中小企業の方が支給金額が多い助成金が多いため、中小企業にはとても有難い制度です。それぞれ特色がちがった制度を、時期に合ったタイミングで併用することをお勧めします。

どの助成金を活用したらいいかは悩みの一つですが、内容が難しくて分かりにくいという不安を取り除くために、まずは簡単な言葉で説明します。初回の打ち合わせでは、業種、会社の規模、従業員の有無、これからどのような会社にして行きたいかを聞きます。お客様ご自身にも納得していただくため、現時点での助成金の種類について案内し、必要条件を満たしているかを検討します。

条件が当てはまる箇所が見えてくると、「それならば直ぐにでも始めたい」もしくは「今後このような従業員を雇おうと思っている」など、事業主は今後のビジョンを語り始めます。ここまでくると少し疑問が消えてきます。

ここからは、助成金の種類が自ずとしぼれてくるので、スタート時期が明確になってきます。そして、今後行ってゆく申請の流れを説明します。申請にあたってどんな書類が必要か、日々やっていただく業務があるかどうか、期間満了後の受給申請に必要な書類は何か、など、1度では分かりにくい事柄を一とおり説明します。1度では理解しにくいことでも、なんとなくイメージをつかんでいただくことが大切です。

助成金は1日でも申請期限を過ぎてしまうと申請できないため、ここは丁寧に注意事項をお話しします。助成金の種類によっては、毎月提出する内容のものもあれば、初回の申請後半年は特に何もせずにすむものもあるので、流れが見えるだけでもお客様は安心されます。

半年単位の申請ですと、初回の申請時に説明をした内容がどうしても記憶から薄れがちです。そんな時には定期的に連絡をし、現状をうかがうなどのコミュニケーションを取るとよいでしょう。その際に現状の不安や質問事項を聞き、不安要素を取り除くこともお客様への思いやりです。これが信頼関係にも繋がってゆきます。

最も煩雑な作業を減らして差し上げることも社労士のアドバイスの一つです。

まずは、その会社をしっかり理解することを心がけてください。前述のとおり、厚生労働省の助成金は雇用確保が目的ですから、どの助成金申請も会社が雇用保険適用事業所であることが大前提となります。どの助成金でも申請時に雇用保険適用事業所番号を記載する箇所がありますので、この番号がないと申請はできません。これは、法律に違反していないかの証明でもあります。

従業員が対象の助成金を受給する場合には、従業員の方が雇用保険に加入されていることが条件となりますので、雇用保険被保険者番号も必須事項となります。

助成金の活用が初めてで、不安をかかえている会社へは、事前にメリット・デメリットの説明をすることも大切です。例えば、人材育成を行う助成金ですと、「毎日日誌を書いてください」とか、「会社都合の休業保障をしますが、1年間分のカレンダーを出してください」など、会社にとっては時間や労力が伴う注文を出すことも多く発生するからです。このような事柄を事前に一覧表にして説明することも必要だと感じます。

最近では産休から復帰するお母さんに優しい制度も多く新設されており、女性の社会進出への後押しをしてくれる制度が多く見うけられます。このような制度を活用すると、企業としてもリスクが少なく、ベテラン社員を退職させることなく1年後の復帰を待つことができるのです。

新しく人を雇用して教育をするというのは会社としてもリスクが高いですし、それを行う手間を省くことができるのであれば、ずいぶんと助かるはずです。女性にとっても、出産をためらっている不安要素を取り除くことで前向きに出産へとのぞめます。しっかりと産休をとることができるので、その間に育児の基盤を作り、社会復帰することができます。

社労士の仕事の基本は、お客様の話をよく聞き、それをよく理解し、お客様の質問に対してアドバイスを行うことですから、ゆっくりと丁寧な説明をすることが何より重要です。

◇手続き

助成金に関しては特に、初めて活用される方が多い制度でもありますので、普段の手続き業務とは違い、より細やかな対応が求められます。また、よく質問されるのが、「いついつから始めたいんだけれど、いつまでに提出すれば間に合うか?」「期間満了後に申請手続きをしてから、どれくらいで入金されるか?」など、具体的な日時を回答する場合です。例をあげながら、時間経過についても説明します。

また注意事項として、離職した方で会社都合の離職者がいたかどうか、労働保険で滞納をしたことがないかも、支給申請に重要なポイントですので、事前に質問しておきます。

助成金によっては、どんなスケジュールで業務を行ってゆくか? を事前に提出しなければいけない計画書の作成を求められる場合があるので、事業主とより細かい内容で打ち合わせが必要となります。これらを一つ一つ丁寧に行うことで、事業主との距離はグッと縮み、今後の信頼関係にもつながってゆきます。

助成金制度は、企業側だけでなく、対象となる従業員の方にもメリットがあります。

例えば、新卒や異業種からの転職で、入社した会社の業務内容に自信が持てなかったとしましょう。けれども、助成金の訓練計画に合わせてやっていくことで、少しずつ業務内容を理解でき、できる仕事が増え、自らの自信へと繋がってゆくのです。

パートやアルバイトなどの非正規雇用の方が正社員を目指すプランも同様です。従業員の方に目標を掲げ、それに向かって努力することによって、雇われやすい人間、安定した正社員の道へとステップアップすることができるからです。企業としても既存の従業員の働き方を変えることで、一から教える手間が省け、長期的に働いてくれる従業員を確保できることは、大きなメリットです。

企業側も、従業員も、社労士自身もハッピーになれる制度、これが助成金です。

労務のプロになる!

労務相談は、ヒト・モノ・カネ・情報の中で唯一感情を持つ「人」の部分を扱います。つまり、それぞれの案件がとてもデリケートなのです。ですから案件によって、柔軟な対応が必要とされます。難しい法律用語は避け、お客様にわかりやすく伝えることが最も大切です。

人事労務の仕事は大企業はもちろん、中規模の会社であっても間違いなくあります。この部分を社内ではなく、社外に出すリスク、これをしっかりと認識することが、労務のプロに問われます。

◇労務のプロを目ざす

具体的には、お客様に「わかりやすく伝える」という意識を持ちながら、

「何が現状の問題点なのか？」

「今後どうしてゆけば改善できるのか？」

をじっくりと聞くことから始まります。これによって、お客様自身では気づかなかった点や見えなかった部分を浮き彫りにさせることができるからです。そこからはお客様と一緒に考えていくことが必要とされます。改善に向けてよりよい方向へと導くのです。

例えば、残業の多い会社があるとしましょう。ここでは全社員が毎日必死に働いているのにもかかわらず、残業がいっこうに減りません。経営者は業務量が多いのだと感じていました。

しかし、実情はそうではなく、残業の原因は社内での人間関係のトラブルでした。部長が傲慢で、なかなか社員の意見を取り入れてくれず、何度も何度も企画書を書き直す日々。これではいくら時間があっても足りません。経営者が考える問題点、実際の現場での問題点は必ずしもイコールでは

ありません。

こういったことは、実例を聞いて初めて気がつくことです。「こんなエピソードが他社ではありましたよ」と、ちょっとお話するだけで、経営者側に新しい気づきが生まれるのです。「もしかしたら、うちの会社も同じようなことがあるかもしれない?」と考え出すことで、劇的な改善へと動き出します。

相談に応じているうちに、前述の例示のように現場で起こっている問題が浮き彫りになり、経営者サイドからは見えなかった部分とどう向き合って行くかについて一緒に考えます。もちろん改善に向けて考えていくのですから、経営者側も他の人には話せないような詳しい事情をこと細かく話していただくことが必要になってきます。よりよい方向へ導くことを共に考えることが、社労士ができる労務相談なのです。

これが必ずしも毎回正解とは限りませんが、他社の実例や、市場の動向を知っておくことが、労務相談を成功させるためには欠かせないのです。

◇最近増えている労務相談

最近では解雇やパワハラ、セクハラ問題も急増しています。本当にささいなことでも受け手側は大きくとらえてしまい、思ってもいないトラブルへと変化してしまうからです。

こういったことを事前に防ぐためにも、社労士の労務相談が必要になってきます。具体的な事例をあげ、社内で問題意識を共有することが必要とされるからです。「自分はそんなことをやっていない」と思っていても、実例を聞くことによって、「もしかしたら、同じことを言っていたかも？」「同じように感じさせてしまったかも？」と思うことがあるのです。被害を受けていると感じていた人にはなおさら、社労士側のアドバイスによって、「助けられた！」と感じる方もいらっしゃるかもしれません。不安な人を安心させること、これも社労士の仕事の一つです。

けれど、自分の知識ばかりを話すことばかりがいいことではありません。相手の状況をふまえて実例を選び、空気を読んで話すことが重要なのです。これもどの業種でも必要なことだと感じますが、最初から相談に対して完璧にできる人はいませんし、人と人との話し合いの中で、ときには失敗してしまうこともあるでしょう。その時はつぎにこの話をする時にはここを気をつけよう！もう少し相手の業種に置き換えて話してみよう！など自分なりの工夫を始めます。このように少しずつ経験を積み重ね、自分なりの対応力を身につけることがプロへの第一歩です。

しかし、経験を積んでいくなかでも絶対してはいけないことがあります。それは、知ったかぶり。お客様から相談されても、自分には知識が無く、経験上でも聞いたことがない場合には、その場で曖昧な対応をしないこと。分からないことがあれば後日あらためて回答すること。その場で曖昧な受け答えをすれば、次に会うときにもどこか引きずってしまい、誠意ある対応ができなくなってしまうからです。

何より大切なこと、それはお客様の相談を誠実に受けとめることです。最終的な着地点をしっかり定め、方向を指し示してあげられるだけでも、社労士としての役割は果たせているのです。

労務相談は、まさにサービス業なのです！

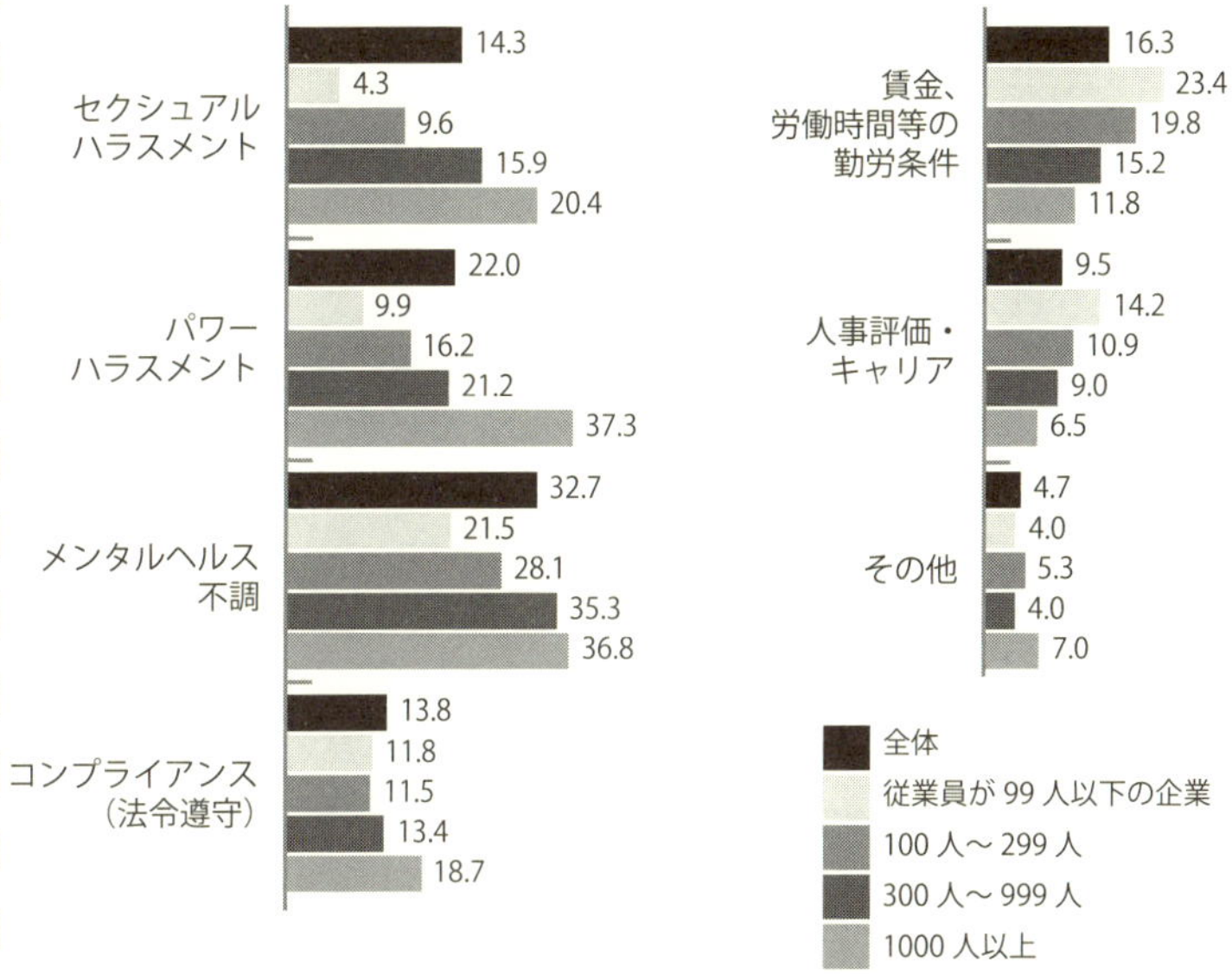

図１　企業に設置された従業員向け労務相談窓口において相談の多いテーマ

出典：厚生労働省　あかるい職場応援団　数字で見るパワハラ事情
（http://www.no-pawahara.mhlw.go.jp/statistics/state）

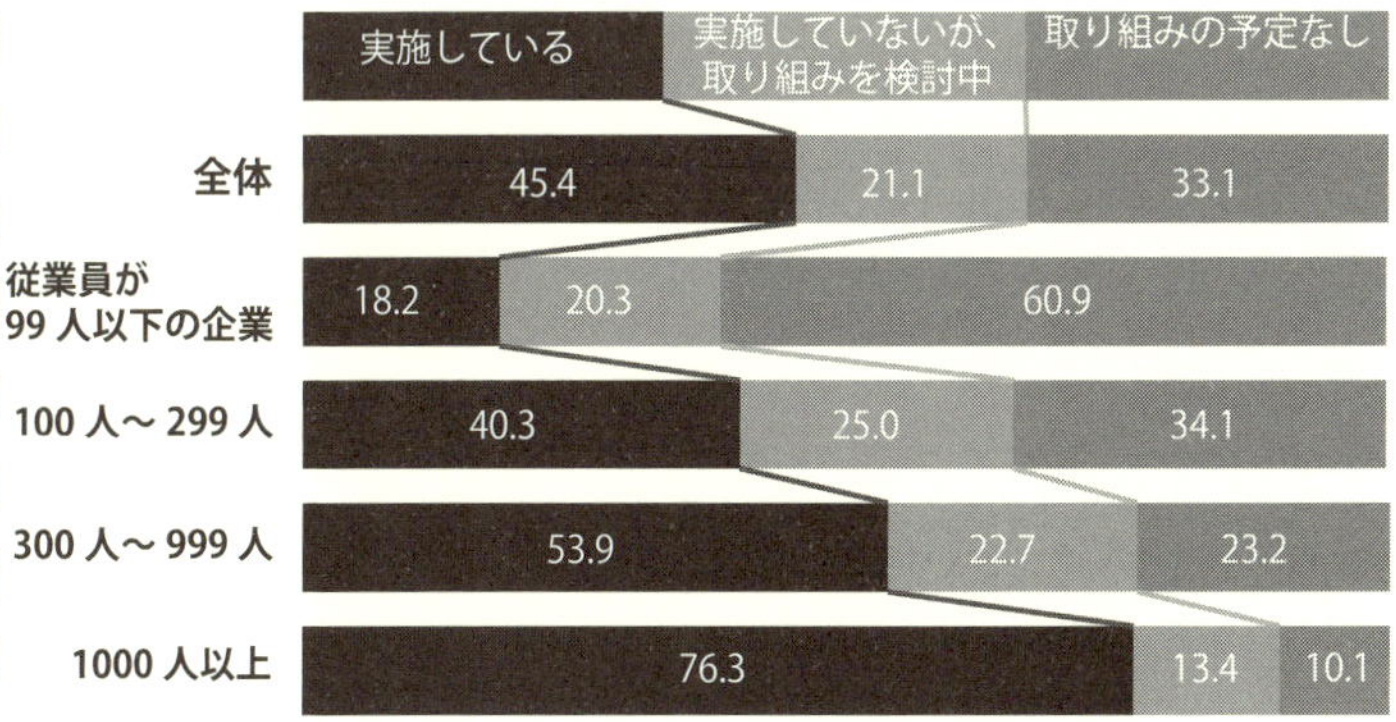

図２　パワハラの予防・解決に向けた取組状況

出典：図１と同じ

特定社会保険労務士をめざして

トラブル解決は、弁護士だけの仕事じゃない！　社労士だってできるんです！

特定社労士とは、そんな労働紛争を解決できる資格です。

◇特定社会保険労務士とは

特定社会保険労務士の資格を取得するためには、試験※1を受けなければなりません。

試験は記述式です。トラブル解決のための方法や論点が問われ、これを短時間に規定字数で説明していくことが求められます。もちろん、社労士試験に合格した者のみがチャレンジできる資格です。

メインとなるのは労働関係のトラブルです。例えば、名ばかり管理職で残業代が払われない、労使間でトラブルになりリストラされた、など、近年の実例に基づいた内容が問われます。

私がこの資格を取得した際には、弁護士の方をお招きしたセミナーに参加し、貴重な話を伺えたことが、今でもとてもためになっています。

特定社労士は、通常の手続き以外にも、紛争の予防を提案したり、起こってしまったトラブルに対する相談やあっせんを行います。現にトラブルが発生していなくても、未然に防ぐことができるのであれば、企業側も大喜びです。社労士は働く人の味方であり、働きやすい職場を作る企業者側の味方でもあるのです。まずは企業者側の相談相手になることが、大切なのです。

◇まだまだ仕事開拓の余地あり

社会保険労務士業界は、実は法人の関与率もまだそれほど多くはなく、個人からの業務を受託している同業者もそれほど多くはないのが現状です。社会から必要不可欠な存在とまで認知されてはいない、と言いかえることもできます。

逆を言えば、まだまだ仕事を開拓する余地があり、提案の仕方次第で、新規参入が可能な業界でもありますので、こういった労務相談業務の幅を広げることで、顧客獲得に繋がります。社会保険労務士と特定社会保険労務士、全く業務内容を知らない方から見れば、おそらく特定社会保険労務士の方がより知識がありそう！　と思うのではないでしょうか。すでになんらかのトラブルを抱えていたら当然のことですが、そうでなくても、どうせお願いするのであれば、社会保険労務士より特定社会保険労務士にしよう、と思われる企業は多いと思います。特定の方がより知識が豊富なイ

※1　特定社会保険労務士の試験は、正式には「紛争解決手続代理業務試験」といいます。

メージがあるからです。多くのお仕事を手に入れるチャンスがこの資格にはあると感じています。

特定社会保険労務士の資格を取得し、さらにお客様への信頼につなげることで、初めてのことにもどんどんトライしていきましょう。十分な準備と努力をおしまず、沢山の相談と向き合うことで、自分自身の成長へと繋がってゆきます。また、こういったことが業務拡大をねらう第一歩であり、法律相談に限らず、実情にあった相談に目を向けられる人材こそ、最も成功する社労士ではないでしょうか。

特定社会保険労務士になる

1 社会保険労務士登録する

当然のことですが、特定社会保険労務士になるには、社会保険労務士の資格を所持している必要があります。さらに二年間の実務経験を経て、社会保険労務士会に登録をしなければなりません。二年間の実務経験は、事務指定講習で補うことも可能です。

まずは社労士になってから。

2 特別研修を受ける

特定社労士になるための試験を受けるには、特別研修の修了が必要です。特別研修は60時間ほどのカリキュラムで、所属している社会保険労務士会で受けることができます。

紛争解決について、講義、ゼミやグループ研修でしっかり学びましょう。

3 試験の合格／付記

特別研修を修了すると、紛争解決手続代理業務試験（特定社会保険労務士になるための試験）受験の権利を得られます。合格率は社会保険労務士試験よりずっと高いです。あと一歩、頑張りましょう。試験に合格し、社会保険労務士会名簿に登録する付記手続きを済ませれば、晴れて特定社会保険労務士です。

これであなたも特定社会保険労務士！知識と資格を活かして、より良い仕事をしましょう。

＜特定社会保険労務士試験の合格率＞

	受験者数	合格者数	合格率
第１回	**3,117 人**	**2,368 人**	**76.0%**
第２回	**4,289 人**	**2,802 人**	**65.3%**
第３回	**2,629 人**	**1,912 人**	**72.73%**
第４回	**1,603 人**	**1,219 人**	**76.04%**
第５回	**1,644 人**	**1,038 人**	**63.14%**
第６回	**1,628 人**	**880 人**	**54.05%**
第７回	**1,675 人**	**1,145 人**	**68.36%**
第８回	**1,428 人**	**861 人**	**60.3%**

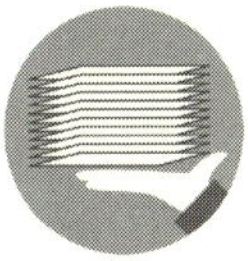

第3章

国家試験はむずかしい?

これが試験の概要

社会保険労務士試験は毎年8月の第4週、日曜日に行われます。1年に1度だけの一発勝負です。午前と午後の部に分かれており、長年、午前が選択式試験、午後が択一式試験という順番でしたが、震災以降は電力の問題で午前が択一式試験、午後が選択式試験と順番が変更になりました。

◇選択式試験と択一式試験

選択式試験は8問。時間は1時間20分です。AからEの空欄5つの答えを、選択肢20の中から選ぶ方式ですが、最近ではAからEの空欄があり、一つの空欄につき四つの選択肢が与えられ、その中から答えを選ぶという方式が多くなってきています。

この方式は、少し難易度が上がり、年号や数値など少し深い知識が必要な問題となっています。特に、一般常識の科目では、専門学校の授業の中でもサラッとしか行われず、年号などは「各自、見ておいてください」で終わってしまう場合が多いので、自分なりの学習方法を考えないと得点できない科目です。

択一式試験は10科目から構成されており、70問を解かなくてはなりません。基本は5択の中から1問を選ぶ方式ですが、平成24年からは5択から二つ選び、その組み合わせをAからE（例えばアとオ、ウとエなどの組み合わせ）の中から選ぶという方式が出題されるようになりました。年々この出題形式は多くなってきています。時間は選択式試験よりはるかに長く、3時間半とかなりの長丁場です。この3時間半をいかに効率的に、集中して行うかが択一試験でのキーポイントです。いくら知識があっても、本番で3時間半に立ち向かえなければアウトです。試験慣れしていない方はただ座っているだけでも辛い時間です。日頃から時間を意識した勉強方法をオススメします。

◇年に1日だけの一発勝負

社会保険労務士試験は全体的に試験範囲がかなり広範囲なので、たった1日で受けるには大変な試験であることは間違いありません。1科目クリアしてまた来年他の科目を……という点数積み上げ方式ならコツコツやれば気が楽かもしれませんが、1日だけの一発勝負は緊張もしますし、かなり厳しい試験だと思います。

まずは確実な知識力アップと、学校などで定期的に行われるテストや模試を確実に押さえること。1科目ずつの試験であれば、その時点でできなかったところを、次回必ず得点できる練習を繰り返し行っていくことが本番への自信に繋がります！

合格率はどのくらいか？

社会保険労務士試験は決して高い合格率ではありません。

例年7％台、平成22年は8％台になりましたが、１００人のうち数人しか合格できないという試験です。

だからと言って、何年も勉強しなくては受からない試験ということでもありません。しっかりポイントを押さえ、自分なりに8月を目標に積み重ねて行けば1年で合格も夢ではありません。

学生のときの受験とは違い、もしも1年で受からないとしても何年でもチャレンジし続けられることを考えれば、追い込みすぎず、自分のペースで2年を目安に目標と計画を立てる勉強方法も良いと思います。まずはチャレンジしなければ何も始まりません！　合格率が低いからといって、それを理由に自分の夢を諦めてはいけないのです。

◇イメージとメンタルのコントロールも合格への一歩

一般的に、国家資格であってもプライベートの時間をすべて勉強につぎ込めば1年で受かると言われています。しかし、現状はなかなか難しいもの。家庭との両立、仕事との両立、育児との両立……。大人になると沢山のこととのバランスを考えながら自分のやりたいことを続けなければいけないので、ここは自分なりの目標時期を定める方法が良いと思います。焦らず、まずは一つ一つの知識を確実に身に付けることを意識して、勉強に取り組んでください。

しかし、試験の日が近づくにつれて、7％という数字にプレッシャーを感じ、自分で自分を追い込んでしまうことも確かです。特に試験直前期は、学校に行っている人であれば授業も無くなりますので、不安でいっぱいです。

追い込み時期は今までやってきたことを思い出し、ひたすら自分の世界に入って、1人でコツコツ繰り返す作業となるので、合格率に翻弄されやすい時期とも言えます。

独学の人は最初から自分で目標を決め、ひたむきにやってきているとは思いますが、やはり最初に計画を立て、１月は労働基準法、２月は労働者災害補償保険法、などと毎月決めた範囲をこなしながら進んできたにもかかわらず、７月、８月に入ると「ここから試験当日まで、何をどうやろうか？」などと悩み出します。ここでもやはり、合格率が不安を呼び起こします。

でも、考え方を変えれば、この時期が一番肝心なのです。皆が不安を抱く時期だと思えれば、合格率に振り回されず、自分を信じることが何より大事なことなのです！ 自分が今までコツコツやってきたことを、もう一度ゆっくり丁寧に思い返してみる。そんなイメージコントロールが、合格率を気にせずに本試験を迎える一つの攻略方法かもしれません。

メンタルコントロールも、合格への一歩です！

社労士の合格率

年度	受験者数	合格者数	合格率
平成 14 年	46713 名	4337 名	9.3%
平成 15 年	51689 名	4770 名	9.2%
平成 16 年	51493 名	4850 名	9.4%
平成 17 年	48120 名	4286 名	8.9%
平成 18 年	46016 名	3925 名	8.5%
平成 19 年	45221 名	4801 名	10.6%
平成 20 年	47568 名	3574 名	7.5%
平成 21 年	52983 名	4019 名	7.6%
平成 22 年	55445 名	4790 名	8.6%
平成 23 年	53392 名	3845 名	7.2%
平成 24 年	51960 名	3650 名	7.0%
平成 25 年	63640 名	2666 名	4.2%

社労士は超難関？

近年、国家資格は全体的に合格率が下がる傾向にありますが、社労士はもともとあまり高くない合格率がさらに低下し、今では難関レベルの合格率となっています。ですが、社労士は医師や弁護士などと違い特定の課程での学習が義務付けられていません。つまり、受験者がある程度のレベルであることが保証されているそれらの試験と違い、受験する人のレベルもさまざまなので、合格率がそのまま難易度につながるわけではありません。自分を信じて頑張りましょう。

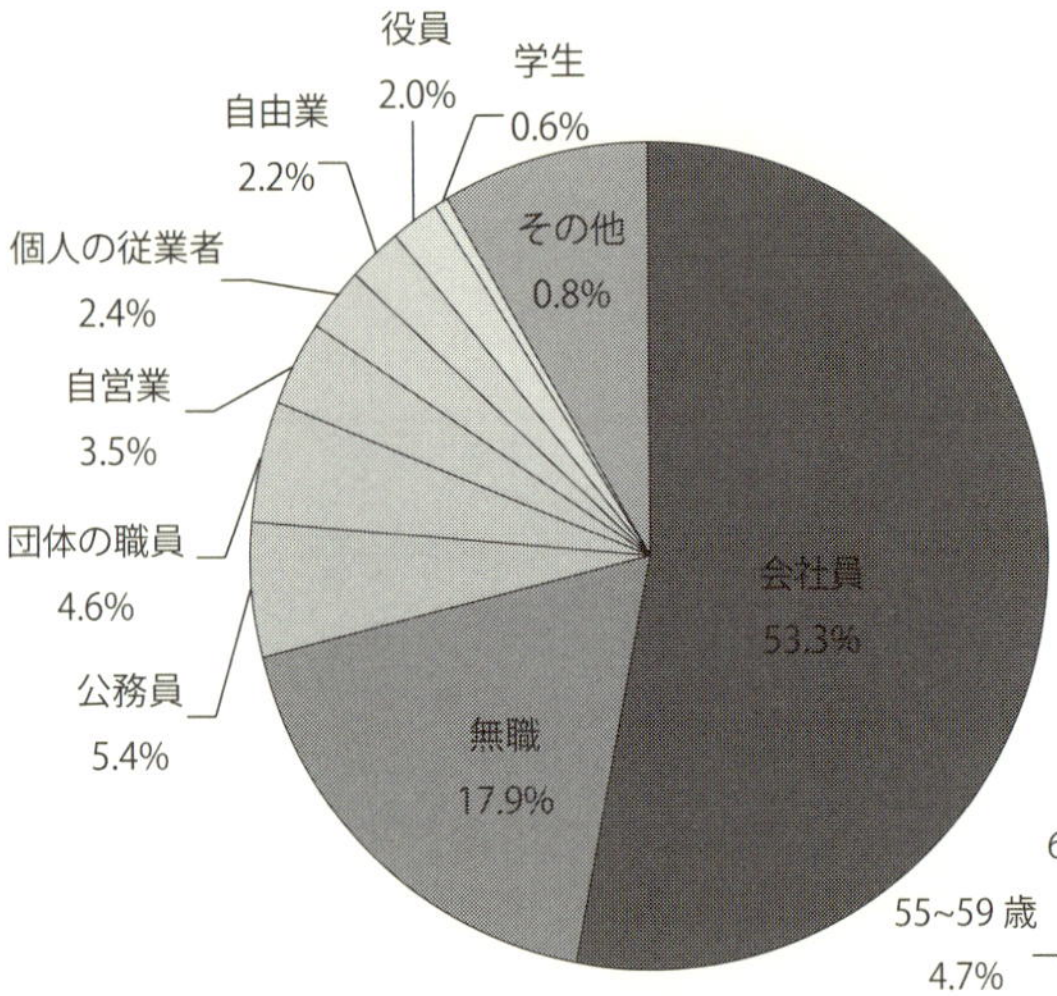

上：合格者の職業別割合

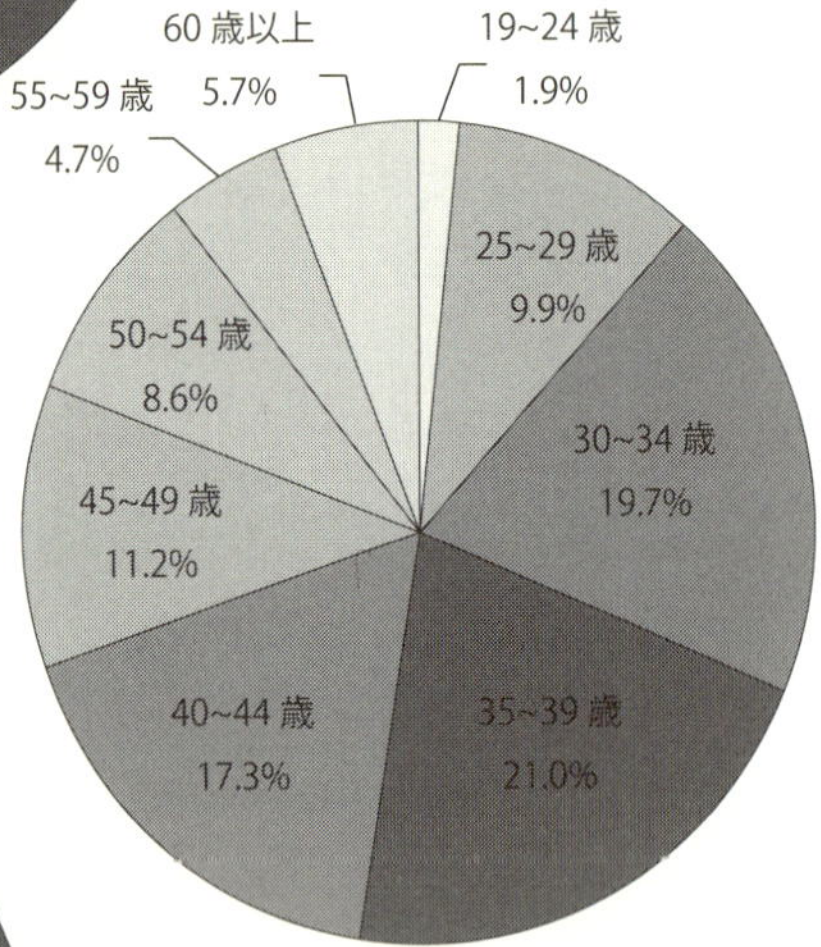

上：合格者の年齢階層別割合

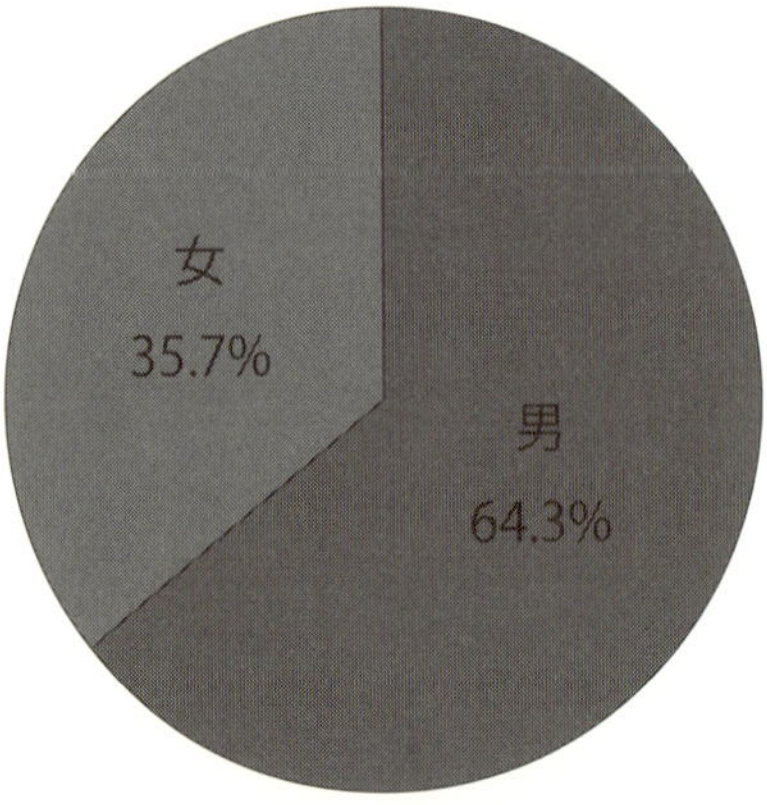

上：合格者の男女別割合

図：合格者の各種割合

出典：厚生労働省
（http://www.mhlw.go.jp/file/04-Houdouhappyou-11202000-Roudoukijunkyoku-Kantokuka/sharoushi-jukensha.pdf）

どのくらいの勉強量が必要か

社会保険労務士試験に必要な勉強時間は､通常約８００～１０００時間程度と言われています。この時間には、基本事項の習得、問題演習、法令、白書などのすべての時間が含まれていますが、実務経験や職業によっても違いがありますので、あくまで一応の目安に過ぎません。法律用語の慣れもあると思います。例えば法学部を卒業されていて、法律用語は得意だという方や、仕事上、用語や知識が多少なりあったという方など、ベースとなる知識があれば変わってきます。６００時間の勉強で合格した方もいれば、１５００時間の勉強をした方もいます。人によってもちろん差はありますが、やはり民間の試験とは違い、国家資格ですから、勉強時間が多くなるのは当然です。

◇丸暗記は命とり

科目数の多い試験ですから、全部丸暗記をしよう！　と思うと、どんな頭のいい人でも無理です。また、分からないからといって、最後に記憶だけでカバーしようと思うと、痛い目に遭います。そこで一つ一つを理解して頭に閉じ込める作業が必要になってきます。科目ごとに感情移入し、労働基準法であれば「どんな人がどんな労働条件で働けば有給休暇が○○日になるか?」、労働安全衛生法であれば、「どんな職種の人がどんな組織編成で守られているのか?」、国民年金法、厚生年金法などは、父親母親が「どのような働きをして老後の年金はいくらもらっていたか?」など、家族・親族・友人をも含め、身近な人の生活実態を思い出して覚えるのも一つの手段です。こういったことを毎日コツコツ続けてゆくことで、確実な知識となっていきます。この時間は人によってさまざまですが、多くの合格者に聞いてみると、どんなに忙しくとも、勉強のために平日3時間は確保する、というのがキーポイントのようです。多くのことを犠牲にしながら時間を作ることに必死になる。ここが合格への分かれ道だと感じています。例えば、仕事で飲み会があって、帰ってから2時間しかできなかったとしても、次の日の朝早く起きて、昨日の1時間をカバーする。そして、その日の夜はいつもどおり3時間やる、といった、臨機応変な勉強方法もよく聞かれます。

また、仕事と両立をしながら勉強をされる方の中には、現状の仕事とあまりに分野が違って、手続き内容が上手く想像できないという方も多いようです。でもここは、この勉強を選んだ以上、強い興味を持ってのぞんでください。年金事務所やハローワークに足を運べば、無料の小冊子が置いてあるので、それらを見て内容を思い描いていくのも自分の記憶に残る勉強方法だと思います。

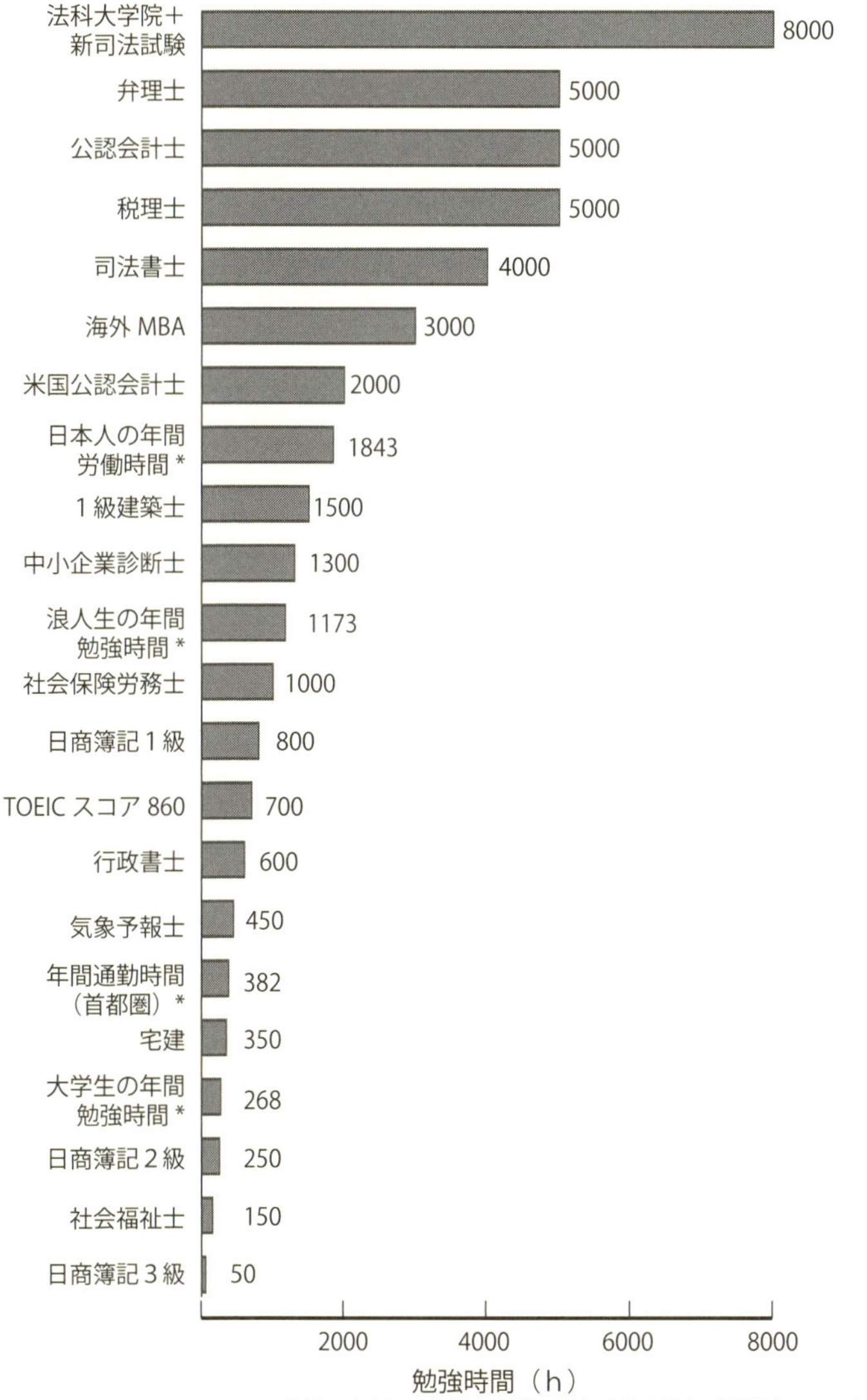

＊参考：青少年の生活と意識に関する基本調査（内閣府、2004）
毎月勤労統計調査（厚労省 ,2008）

図：国家試験合格者の平均勉強時間
出典：コンサル白書　http://consulting.jxyz.info

DATE　TITLE

OLのすきま時間活用方法

早朝時間：１時間早起きして復習時間に費やす。
前日の講義でわからなかった箇所を教科書で見直す。
過去問を１科目分といてみる。など

通勤時間：10分・15分でも有効活用。
できるだけコンパクトで社内でも広げやすい１問１答がおすすめ。１問でも多く解く。

昼休み：会社に１冊問題集を常備して、
ご飯をたべながら、もしくは食べ終わった後
30～40分解く。

退社後：自宅で勉強できない場合には自習室に行き、
問題集や教科書を読む。

主婦のとある一日

6:00	起床	朝食準備の前に今日の講義箇所を教科書で読む。
7:00	主婦業	子供を起こす、朝食準備
8:30	主婦業	幼稚園に子供を送りとどける。
9:00	通学	電車の中で一問一答をやる。
9:30	学校	時間があれば自習室で問題集を解く。 講義を受ける。
13:00	昼食	お昼を食べながら今日の講義箇所の1問1答。
14:30	主婦業	幼稚園に子供のお迎えに行く。
16:00	主婦業	買い物、掃除を一気にこなす。
18:00	主婦業	夕食はできるだけ時間のかからないチャーハン、 スープなどを作る。後片付けをする。
20:00	お風呂	子供と一緒に入る 。歯磨きを同時にすませる。
20:30	主婦業	夫が帰宅し、食事の準備をする。
21:00	主婦業	子供を寝かしつける。 夫と今日のできごとを話す。
24:00	就寝	就寝までの間、今日の授業の復習をする。 教科書を読む、過去問を解く。

社労士試験の特徴

社会保険労務士試験はなんと言っても科目数が多いのが特徴です。

労働基準法から一般常識までを含めると大きく九つ、一般常識を労務管理と社会保険に分けると約10科目あります。浅く広くの科目を入れると20を超える法律が絡んでおり、出題範囲が膨大な試験です。

◇実務レベルに近づく

中でも労働基準法は年々実務に近いレベルの知識が求められており、手続き書類の細かな記載方法や、実例に伴った用語の選択が問われる問題が増えています。通達も多く出題されるため、教科書に書かれていた通達は理解していたけど、本試験で初めて見た！という実例がたくさん登場します。

近年では労働基準法以外でも、かなり実務レベルの細かな点まで問われる出題が多く見られるようになってきました。

特に選択式は毎年受験生を悩ませ、択一は合格範囲だけど選択式で1点2点足りないという、足きりの方々が多く見られるのも特徴です。

◇救いも用意されている

しかし、救いの神も降りてきます。実は合格発表時には救済制度というものがあり、あまりに難問過ぎて合格者が減りすぎてしまうような場合、底上げ加点というものがあります。これで今まで沢山の受験生が救われてきています。従来は1～2科目、近年では3～4科目に及んで加点される年があります。ですから、すべてを完璧にするのではなく、「1問や2問まちがってもいいんだ！」というレベルで、それぞれの科目に取り組むほうが、きっと合格へと繋がることでしょう。あなたにとっての得意科目を作ることは重要ですが、そこに安心せず、まんべんなく取り組む、という意識が大事かもしれません。

また、数字が多く登場するのも特徴の一つです。特に年金などは世代によって年金支払い時期が繰り上がったり、手続きの提出期限が似たような数字で覚えにくかったりなど、年表や日付が多く登場します。これらは丸暗記するのではなく、身近な人と結びつけて覚えていきましょう。父親、母親の生年月日、祖母、祖父の生年月日を基準にすることによって、年表が頭に刷り込まれてゆきます。

社会保険労務士試験は人と関わる内容の勉強ですから、できるだけ具体的に自分の状況と繋げて学習することが大切になってくるのです。

社労士試験の日時と科目

試験日時

毎年8月の第4日曜日
択一式試験 9：30～13：00（3時間30分）
選択式試験 14：30～15：50（80分）

試験科目

科目	選択式	択一式
労働基準法及び労働安全衛生法	1問	10問
労働者災害補償保険法	1問	7問
雇用保険法	1問	7問
労働保険の保険料の徴収等に関する法律	労災・雇用に含む	6問
労務管理その他の労働に関する一般常識	1問	5問
社会保険に関する一般常識	1問	5問
健康保険法	1問	10問
厚生年金保険法	1問	10問
国民年金法	1問	10問
合計	8問	70問

合格するための勉強方法

この本を読んでくださっているあなたに、「どれくらい本気で社会保険労務士試験に合格したいですか?」と聞いてみたいと思います。どんなことがあろうと、一発合格!!を目指すあなたには、次の決断が必要になってきます。

1　絶対合格するという気持ちを強く持つこと
（期限を決めて、○○年で受かる!と具体的に決めること）

2　どんなことがあろうと、勉強を優先させること
（仕事、家事、子育てを1年間だけ頑張らない）

1年で受かるためには遊びや行事はもちろん、家のことすらも後まわしにしなければいけません。むしろこの時期は、絶対勉強以外のことを何もしない！　と決める必要があります。この大きな決断が合格への一歩です。

迷ったとき、落ち込んだとき、人と会いたくなったとき、どうしても集中力が途絶えたときなど

は、このことをいつでも思い出し、繰り返し言い聞かせましょう。

そうは言っても、この試験は約1年かかる試験ですので、どうしても身体が辛い、気晴らしがしたい、など気持ちが折れそうになる時期がやってきます。

そんな時ほど、「何のためにこの試験を受けようと思ったか？」「なぜ、今この時期に頑張っているのか？」をもう一度考えてみてください。この1年、悔いがないほど勉強した‼と思えたときほど、合格するのです。

◇大きな決断で自分をコントロール

「いつか合格できたらいいな」では一生受からない試験です。何年も続けてしまうと、いつかは気持ちが萎えて諦めてしまいます。

勉強方法は学校に通う、通信教育を使う、独学で進める、とさまざまですが、共通して大切なことはメンタルコントロールです。何年も受からず、長い長い受験のスパイラルに入りたくなければ、気持ちをコントロールしながら、常に合格を意識して一問一問に向かっていくことです。過去問や小テスト、模試などを繰り返し行うこと。間違えた箇所は論点を書き出し、納得がゆくまで解説について考えること。教科書をもう一度読み直すこともとても大切です。

この本を読んでくださっているあなたには、最短で効率の良い勉強方法を実践して欲しいのです。「短時間だからこそ頑張れる!」「1年だからこそ自分を追い込める!」そんな強い気持ちで合格を目指してください。

勉強方法の メリット デメリット

	学校へ通学	通信講座	独学
メリット	◎勉強のペースがつかめる ◎友人をつくることによって勉強方法の悩みや質問ができる	◎好きな時間に学習が可能 ◎自宅で自由な服装で受講可能 ◎わからない箇所を何度でも繰り返し見られる	◎好きなときに始められる ◎コスト削減 ◎自宅や図書館など自由な場所で学習できる
デメリット	×通学に時間がかかる ×学校に行っただけで勉強をした気持ちになってしまう ×まとまった学費が必要	×パソコンが使える環境でないと学習できない ×まとまった学費が必要	×ペースがつかめない ×モチベーションが保てない ×勉強方法がわからない

受験手続きのワークフロー

1 申込用紙の申請

全国社会保険労務士会連合会試験センターに申込用紙を請求しましょう。用紙の請求は３月上旬頃から受付が始まります。

学校へ行っていても、申し込みは個人で行います。

2 申込用紙の受領／記入

届いた申込用紙に必要事項を記入します。

受験が初めての人は、大学の卒業証明書などの書類が必要となります。人によっては多くの書類が必要となりますので、しっかり準備しましょう。

3 送金／申し込み

試験費用の送金を済ませ、申し込みをします。申し込みは４月中旬～５月末までです。

受験手数料は9000円です。銀行振込のほか、コンビニ払いも使えますよ。

4 受験票到着～試験

８月の２週目前後に受験票が届き、８月の第４日曜日に試験が行われます。知識を出しきれるよう、調子を整えて行きましょう。

実力を出しきれるよう頑張りましょう！

5 合格発表

あとは結果を待つだけです！

結果は、近年では11月の第２週ごろにネットで開示されます。はがきでも通知がとどきます。

社労士の体験談

福田基香さんの体験談

出産を機に旅行会社を退職し、子育てに専念しようと決めたものの、仕事への思いが断ち切れず、すぐに社会復帰の準備を始めました。女性が長く誇りを持って働き続けることができる仕事は何か、そんなことを毎日考えている時に、女性の社労士が執筆した本に出会いました。「これだ！」と思い、すぐに勉強を始めましたが、1年目は準備不足で記念受験に終わりました。

2年目は「絶対合格するぞ！」という強い気持ちでスタートしました。初めは1歳の子どもがいたので予備校に通うのは諦めていましたが、子育て中だからこそ時間を作る努力をしなければ合格はできません。母親に1年間のみと約束して、週に1度子どもを預け、予備校に通わせてもらいました。子どもから離れて講義を受講できたことは合格への一歩だったと思います。

自宅での勉強は直前期を除き、子どもが寝た後の2～3時間でした。総時間数は830時間で、予備校の授業を含めると約1000時間になりました。勉強に使用した教材は予備校で配布されたもののみ、勉強の流れも予備校のカリキュラムに忠実に従いました。模擬試験も1回のみ。「余計なことはしない」これが勉強を始める上での私のモットーでした。

10月～4月は予備校の基本講座の時期です。予習は一切せずに講義を受け、復習に時間をかけました。この時期は、

〈予備校の講義〉→〈テキスト一読〉→〈過去問を一度解く〉→〈過去問を一問一問確認しながら解説を読む〉→〈過去問に出てきたキーワードをテキストに蛍光ペンでマーク〉

このサイクルを繰り返しました。余裕のあるこの時期に注意したことは、サブノートを作らないことです。今まではサブノートを綺麗に作成しただけで満足して終わっていました。「余計なことはしない」を念頭に、サブノートを作る暇があったら殴り書きでもいいので、何度も繰り返し書いた方が記憶に残ると思います。

5月～7月は予備校では答練および直前対策の時期です。

〈過去問を解く〉→〈テキストを一読〉→〈間違いやすいキーワードや重要な条文等を過去問題集に書き込む〉→〈答練および講義〉

この時期は基本講座の時期と逆で予習を必ず行いました。自宅では予習で精一杯だったので、復習は講義の中で行いました。また、過去問題集にキーワード等を書き込むことで、直前期にテキストに戻らなくても勉強ができるように備えました。

8月は予備校の授業も終了し、あとは自分との闘いです。子どもと実家に帰らせてもらい、1日平均6時間の勉強をさせてもらいました。日中は図書館へ行き、子どもから離れて勉強することができました。私が社労士の勉強を継続できたの

社労士プロフィール

ふりがな	ふくだ　もとか		
氏名	福田　基香		
出身地 埼玉県	現住所 埼玉県	生年月日 1975年4月29日	男・女（女に丸印）

略歴

東洋大学社会学部応用社会学科マスコミ学専攻卒業。

ホテル・旅行業で7年間、カウンター業務、旅行の企画、添乗等を経験。

娯楽を通して人を笑顔にする仕事を天職と思っていたが……。

第1子を出産後、社会保険労務士を目指す。

平成20年　社会保険労務士試験合格。

平成21年から社会保険労務士法人にて社労士業務全般に携わる
今は人として人と真剣に向き合い、笑顔を生み出せる社労士の仕事を天職だと思っている。平成23年に第2子を出産し、現在小学2年生と3歳の子を持つ働く母として、仕事に育児に毎日奮闘している。

は家族の協力があったからこそであり、心から感謝しています。

この時期は「あれもやってない。これもまだだ」と焦りましたが、そんな時こそ過去問。過去問題集を試験までに3回繰り返すことができるように逆算して計画を立て、実行しました。

7月までは科目ごとに過去問を解いていましたが、8月からは横断学習に切り替えました。横断学習の例としては、国民年金の老齢基礎年金と厚生年金の老齢厚生年金を同時にやるのです。横断比較しながら学習することで、混乱していた部分が整理され、自信を持って解答できるようになりました。

試験当日、私の受験した会場では2538人の方がいました。この中で約8%しか合格しないのだと思うと焦りもでましたが「周りは気にせず、今までの成果を発揮すればいいのだ」と気持ちを落ち着かせました。

選択式は順番どおりに解答しましたが、択一式は労働基準法および労働安全衛生法→労働者災害補償保険法→雇用保険法まで解答し、順調に進んだところで、頭を使う年金科目へ。国民年金法→厚生年金保険法→健康保険法→一般常識の順に解答しました。

結果は、選択式31点、択一式59点で合格しました。

私は「余計なことはしない」をモットーに受験勉強に取り組みましたが、同時に「余計なことは考えない」のも重要だと思いました。社労士の試験は範囲が広く、関わる法律もたくさんあります。「本当に合格するのだろうか」と不安になるのも当然です。また不安になると「本当に自分は社労士になりたいのか」とか「合格した後、何がしたいのだろう」など、どんどん余計な気持ちが出てきてしまいます。私はそんな時こそ繰り返しますが、過去問をひたすら解き続けました。余計なことを考える暇があったら「過去問を解く」です。繰り返すことで自信も出てきますし、何よりも過去問を制覇したものが合格できるからです。

合格後、社労士法人へ就職し、仕事と子育てとで日々奮闘しています。試験勉強がゴールではありません。社労士になった後も勉強はずっと続きます。社労士として私にできること、それは社員の方が「この会社で働けて幸せ」と思える会社作りをすることです。社長の思いを従業員に伝える架け橋となれるよう、私の勉強は永遠に続きます。

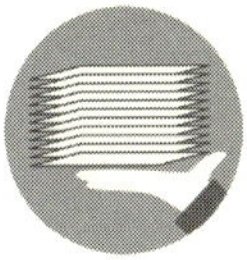

第4章 勤務社労士になる！

一般企業の人事部をめざす

大企業には人事の仕事を専門にする部課があっても、中小企業になると兼務があたりまえです。人事の仕事をしつつ、他の業務もする総務というくくりが一般的です。

仕事としては、入社、退社の手続き、新入社員研修、近年法改正の動きで多くなっている再雇用の問題など、業務は多岐にわたります。

企業の人事の仕事は、社員のモチベーションにかかわる仕事なので、会社にとってはとても大切な存在と言えます。さらに部外秘情報も多く扱いますので、慎重に事柄を進める必要があります。したがってこういった業務は信頼のおける人物が必要とされます。

まずは言葉にも注意を払い、社内で信用される人間になることを目指してください。社労士の資格を持っているからと言って、難しい法律用語を並べたり、論理を一方的に押しつけるようなことをしてはいけません。そんなことをすれば、人は離れていくでしょう。煙たがられず、自然に社内に溶け込み、仕事はキッチリとやる！　そんな人材が好まれます。

自分の存在が誰かの役に立っている、と肌で感じることが自分自身のモチベーションにも繋がります。

時代に応じて人事制度も変わってきました。近年の制度では、従来の会社の方針に従っていては業績も厳しいはずです。そこで、人事制度の改善や、就業規則の見直しなども資格を活用して提案してゆくことが社労士には求められます。企業としてもこういった人材は必要不可欠です。社内をよりよくしていくための提案ならば、上司もきっと耳を傾けてくれるはずです。社員の実情を一番理解しているのは人事部（課）であり、経営者側も相談しやすいのは人事なのです。したがって、ここでしっかりとした自分の意見や法的根拠を示すことによって、自分としてもやりがいを感じられるでしょう。

業種や社風によって相性もあるので、受験生時代から「資格を取ったら、この業種でこんなふうに仕事をする！」「こんな会社で、こんな人達と働きたい！」など、考えてみるのもいいかもしれません。職場との出合いもご縁です。今の会社がとても良く、このまま続けてゆきたいと考えている方には、資格を取得したら、人事部への異動という選択肢を掲げてもいいかもしれませんね。

ただ、どの職種でも言えることは、人事であれ、総務であれ、人に接する仕事というのは、基本的にサービス業だということ。これを念頭におきつつ、社内で接してゆくことが必要だと思います。

社労士事務所で働く

社労士は資格を取得したからと言って、安定する仕事とは言えません。

いくら独立できる資格であるとは言っても、すぐに開業というわけにもいきません。「仕事がやってくる」「仕事がもらえる」と他人任せでは、おそらく起業は難しいでしょう。

そこで、実務経験をしっかりと身につける！　というのも一つの選択肢です。しっかりと基礎を身につける。勉強とは違った、実務でのポイントを押さえることはとても大切です。

例えば、どんなソフトをどう活用するかも一つのポイントになってきます。過去データの修正ができるソフト、できないソフト、手続きのみで使用するソフト、給与に特化したソフトなどさまざまあります。実際の業務を行うには、これらのソフトの知識が必要です。この知識を身につけることで、自分で営業に行った際に、「このお客様であればあのソフトで対応しよう」「この流れでやれば軌道に乗せられる」などと説明しながら、なおかつ自信もついてくるはずです。

また、社労士事務所に入るということは、同業者である仲間と仕事ができる貴重な経験でもあります。同じ悩みを分かち合える、一緒に考えてくれる、そんな有り難みはこの場でないと味わえないことだと、起業して一人になった時に気づくことでしょう。社労士事務所は、クライアントごとに違う担当者が受け持っていることが多いのですが、自分の担当では起こらなかった事案を、先輩や同僚などから聞くことにより、「自分ならどうするか」「どう進めていくことが一番お客様のためになるのか」などを考えることもできるからです。

起業して一人でやり始めてしまうと出会えない出来事。これらに触れることで、将来の自分を助けてくれる経験や、知識を自然と身につけられるのです。さらに言うと、社労士事務所で一緒に働いたメンバーは、のちのち個々に事務所を開いたとしても、困ったときに相談しあえる仲間になりえます。これは一生の財産とも言えます。

また、冒頭から述べているとおり、社会保険労務士は人に関わる仕事ですので、電話応対や営業の方法も大事なポイントです。開業すれば、仕事というのは自分で生み出していくものです。貪欲に営業をする必要もあります。ひと昔前には、黙っていても仕事が飛び込んできた時代がありましたが、そんなバブリーな時代はもう終わりました。何もしなければ、お客様は他の社労士事務所と契約をされることでしょう。営業方法を学ぶためにも、先輩の意見を聞いたり、失敗してでも一つのことをやり遂げることがとても大切な経験となるのです。

まずは、丁寧な説明としっかりした対応をし、お客様に評価していただくこと、これが契約に繋がります。

独立すれば、あなたも経営者です。あなたの言動一つで仕事が増えもすれば、減りもしていくのです。将来開業を目指しているのであれば、営業スキルを磨くことに力を入れてゆきましょう！どんな仕事であろうと、仕事を取ってこないと始まりません。社労士事務所で働く経験は、こういった知識を身につけるためにも、とてもよい選択肢の一つなのです。

会計事務所で働く

「合格後にどのような社労士になりたいか？」を想像してみることはとても大切なことです。社労士事務所で働くことを考えたとしましょう。事務所の中でも、社労士業務のみにサービスが限られた事務所は、従業員がだいたい2～5名の規模で運営されています。そのような小規模な事務所が、新しく人材を雇用するのはリスクが大きいですし、新しく社労士を募集するとしても、求人にはそんなにお金をかけられません。ハローワークの求人をくまなく探すことで、運良くいい社労士事務所に巡り会える機会もあるかもしれませんが、それはレアケースに過ぎません。

そこで、会計事務所で働くという選択肢があります。雇用形態としては正社員募集の事務所もあれば、業務委託として招いてくれる会社もあります。士業のプロ集団で仕事をすることになるので、とても刺激が多いです。高いレベルで成果を問われることにはなりますが、言い換えれば、社会保険労務士としての実力を早期に養うことができるいい機会でもあります。

新鋭の会計事務所は成長力を持ち合わせています。大きな事務所は20～30名規模で、まるでコンサルティングファームのような豊かな働き方ができます。成長企業の人事・労務担当の一員として活躍する方向とはまた違ったキャリア形成が、会計事務所では期待できます。それぞれの得意分野を生かし、例えば社労士が2〜3名いたとしても、一人は労務相談専門、一人は障害年金専門、もう一人は助成金担当など、自分の強みを生かした営業スタイルを提案することもできるのです。

会計事務所では、税務のことから労務管理までをトータルサポートできるので、お客様は時間と費用が節約できます。お客様によっては「どの手続きが税理士で、どの手続きが社労士か？」が分からず混乱されている方や、「いちいち考えて判断するのが面倒だし、説明されてもわからない」と言う方も多くいます。

確かに、病気にかかったとしても、「どこまでが内科で、どこからが整形外科か？」と言われてもピンとはきません。わからないから、総合病院に行くのです。少しでも知識がないと判断さえできないものです。

そんな時に、総合病院のような役割を会計事務所が行えば重宝されます。税理士業と社労士業の両方に対応しているため、経理処理は税理士、給与は社労士、決算・申告は税理士、年末調整は社労士など、それぞれの専門分野で一つの会社をサポートできます。

お客様の業務内容や、将来の展望・戦略・戦術などを深く把握して士業のプロがアドバイスをしてくれる、そんな安心できる組織が会計事務所なのです。

役所で働く

こちらは、安定した職場で資格を生かしたい人にはオススメです。年金事務所やハローワークでのお仕事は、社労士の資格を有効活用でき、とてもオススメといえます。

◇年金事務所で働く

例えば、年金事務所には年金相談窓口があります。老後の年金生活を不安に思い、相談にこられる方や、年金制度自体に疑問を持ち、質問にこられる方も多くいらっしゃいます。そういった方がたに、まずは年金制度そのものを理解していただくことが必要です。お客様に安心感を与えることができれば、最初は不安で来所されても、帰り際には自然と笑みがこぼれ、お客様から「ありがとう」の言葉をかけていただけます。

年金制度は特に大きく変わることがあり、「自分が制度の狭間だ！」と不満を持って来られる方もいるため、社労士としては、難しい言葉を羅列するのではなく、お客様に合った言葉、噛みくだいた言葉を使い、丁寧な対応で内容を伝え、制度自体の理解を深めていただくことが何より大切です。受験勉強を始める前の自分に説明するように、わからないことを前提にお話すること。質問内容によっては、少し時間をいただき、即答することを心がけるのではなく、あやふやではなく、しっかりとした説明をすることが必要です。

また、手続き業務では、企業側から提出される書類の確認作業にも知識が生かせます。資格の取得や喪失、算定の手続きなど、企業側から提出される書類に不備はないか、正しい内容で提出されているか、などを確認する作業です。ここでも正しい知識と、臨機応変な対応で、お客様にできるだけ近い立場で手続きを行えるか、がポイントです。「気持ちのよい対応‼」これがお客様の信頼を得るための何よりも重要なキーワードです。

◇ハローワークで働く

ハローワークの窓口にはいったいどのような方がいらっしゃるのでしょう？　まず考えられるのが、仕事を辞めた方です。「なぜ退職に至ったのか？」「これからどんな職種を希望しているのか？」などを聞き、社労士として勉強してきた失業等給付の受給手続きや、今後の流れをわかりやすく伝えます。ここでも、持てる知識を駆使して説明することができ、自分でも資格を取ってよかったと実感できることが多くあるはずです。失業等給付の中にも沢山の制度や、それに付随した条件が多くあります。これらをお客様に合わせて案内する、例えば、「生活が苦しいのでアルバイトをしながら失業保険がもらえるか？」といった質問には、「減額されることはありますが、受給はできますよ」、と不安を取り除く説明ができると、相手の安堵が感じられ、自分のやりがいにつながると思います。

働く部署としては、社労士の資格があるからと言って、特定の部署に配属される、ということはありません。そのため、国民健康保険関係の部署や消費生活センターに配属ということも考えられます。ただ、受験勉強で得た知識を活かせる場所は多いということです。

最初から正社員となるのはハードルが高いと感じる方も、臨時での職種も多いので、是非広い視野で探されてみてはいかがでしょうか？

先生になる、という選択

資格取得後、予備校などの先生になる方がいらっしゃいます。

受験生時代、「先生がとても優しく教えてくれた！」「何年も受験勉強を重ねて、この経験を受験生に伝えたい！」など、理由はさまざまですが、受験生を経験したからこそ、伝えられることが沢山あるのです。

いきなり先生になると実務経験ができない、というリスクはありますが、そこは一生勉強を続ける資格でもありますので、自分の弱みをカバーするくらい勉強は続けましょう。何より一生この分野で仕事がしたいという気持ちが大切です。

たとえ生徒から質問が来てわからないことがあったとしても、しっかりと向き合うこと。例えば、「期日を決めてお答えします」と伝えれば、先生＝（イコール）完璧ではないのですから、生徒さんも納得してくれることでしょう。むしろ、「先生はわたしの質問に誠実に向き合ってくれている！」と、生徒さんから厚い信頼を寄せられるかもしれません。これが先生になるということです。先生になることも、一つの選択肢なのです。

社労士の勉強の楽しさを知って、それを伝承することも大切な仕事なのです。また、合格後の明るい未来について話す機会も大切でしょう。どんな社労士になりたいかを、授業の中で具体的に話すことも、いいアドバイスかもしれません。

受験勉強はテクニックの部分もあり、そのテクニックをわかりやすく教えるのも先生の役目です。生徒と向き合ううち、自分が受験生時代に気づかなかったことに気づけたり、何となくあやふやにしていた言葉の意味を調べてみたくなったりもします。たとえ最初は不安でも、先生も生徒さんと同じように成長し続けることができるのです。

◇受験生の気持ちに寄りそう

特に何年も受験生時代を過ごした経験がある方は、受験生の気持ちが身にしみるほどわかるでしょう。きっと試験直前にも温かい言葉をかけてあげられるはずです。どういったことで悩んでいるのか、どうしたら気持ちを落ち着かせることができるのか、などの細かいすべを伝えられることでしょう。あとは、自分が受験生時代にやった方法、文章の解読の仕方なども伝えることができるかもしれません。

試験が近づくにつれて、勉強以外の余計なことを考える時期がやってくることもあります。「当日寝坊したらどうしよう？」「受験票を忘れるんじゃないか？」など、メンタルが弱ってくればくるほど、余計なことを考え出します。そんな時にも、最後の授業で励ましの言葉をかけたり、持ち物確認をしてあげることによって、受験生は救われた気持ちになるのです。

「自分だけじゃない！　誰もが不安で、時間が無いなか勉強を続けている！」ということをあえて教壇から伝えることも先生の大事な役割なのです。黙々と試験直前まで一人でやってきた受験生が、試験間近になって頼れる存在は先生なのです。

実際、事務所を立ち上げ、実務をしながら先生をなさる方も沢山いらっしゃいます。受験生時代に「自分がどのような先生になりたいか？」「自分だったらどう教えられるか？」などを考えながら勉強に打ち込むのも励みになるのではないでしょうか。

是非、目標の一つに掲げてみてください。

社労士の
体験談

戸川玲子さんの体験談

◇社会保険労務士をめざした理由

勤務先で人事の仕事をしており、社会保険手続きを担当していたことが直接的な動機です。社会保険担当は私一人しかおらず、当時契約社員であったという状況も考えて、「せっかく実務をやるなら勉強して資格を取ろう」と思いました。

実務を行う中で、例えば社員に年金の説明をして感謝されたり、会社の制度の見直しにかかわることができたりと、専門的知識を駆使して仕事ができることに充実感を覚えました。専門性を資格という形に昇華させれば、一生このような仕事ができると思い、社労士を志しました。

また、現職に転職する以前は税理士事務所に勤務しており、担当業務は総務でしたが、税理士を目指す同僚の影響もあり税理士を目指そうかと思ったこともありました。事務所では他士業の先生との付き合いもありましたので、「士業」に対する漠然とした憧れのようなものがあったこともきっかけのひとつになったと思います。

◇受験時代のこと

学習期間は約1年、資格予備校の講座を受講して1回で合格しました。

当時は通勤に片道約2時間かかっていたため、平日はまとまった学習時間を確保するのは難しく、電車の中でテキストや暗記カードを読む、移動中に覚えたことを思い出す、というトレーニングをしていました。

真剣に対策を取り始めたのは直前期と言われる3～4カ月前からで、家では生活必要時間以外はすべて勉強、会社でのお昼休みも勉強、終業後は資格予備校の自習室で勉強、と時間を有効に使いました。

私は受験当時29歳で、「何としても20代のうちに合格したい。でもそれには今年しかない！」という切迫した気持ちが、原動力になったのかもしれません。

本試験当日の出来はあまりよくなく、ショックを受けて帰路についたのを覚えています。その後の自己採点で意外によくできていたことを知り、合格発表日を迎えました。

◇合格後の進路選択

私は2010年11月に合格しましたが、登録は2011年4月です。

実はその間、進路について揺れ動いていました。

社労士プロフィール

ふりがな	とがわ　れいこ		
氏名	戸川　玲子		
出身地	現住所	生年月日	男・女
群馬県	東京都	1981年3月11日	女

学歴・職歴	2003年3月筑波大学第一学群自然学類卒業 2003年4月～7月IT系事業会社（総務部） 2003年8月～2004年3月ドラッグストア本社アルバイト（経理部） 2004年4月～2005年6月筑波大学大学院生命環境科学研究科 自然環境科学専攻中退 2005年6月～2008年6月税理士事務所（総務経理） 2008年6月～現在広告代理店（総務部人事課）
保有資格	特定社会保険労務士、産業カウンセラー 2010年11月第42回社会保険労務士試験合格 2011年4月勤務社会保険労務士登録 2013年3月特定付記 2013年3月産業カウンセラー合格

合格後少しずつできた社労士有資格者仲間と話すうちに、「転職しようかな」「社労士事務所で経験を積もうかな」などと思い始めました。そして、実際に転職活動をしてみて、いくつかの社労士事務所の面接を受けたこともあります。内定をいただいた事務所もありました。

その一方で、会社でやりたいこともまだある、事務所への転職はもう少し気持ちが固まってからでも遅くないかな、と思っていたこともありました。また、ちょうど震災が発生し、落ち着かない時期と重なっていたこともあって、とりあえず転職はせず勤務社労士登録をしようという結論に至りました。

その後も、開業している友人知人などの話をきいて影響を受けたり、税理士事務所時代の先輩から開業を勧められたりと、開業への興味が全くないわけではありませんが、今現在は勤務社労士としての仕事にやりがいを感じており、勤務社労士で頑張っていこうと思っています。

◇合格後の仕事

合格し、勤務登録してから、徐々に仕事内容が変わってきました。

私は現在４００名規模の当社から、10名規模の関連会社の労務を見ることができる立場で仕事をしています。

受験時代は勤怠管理と社会保険手続き担当でしたが、社労士登録から2年半経った現在では、関連会社を含めた労務問題の全般対応をはじめ、より専門的な仕事がメインになっています。

まず、当社の就業規則の担当になりました。就業規則は会社の法律であり、社労士としての知識や経験をフル稼働して、法改正に対応できるように修正したり、実態にあわせ不整合をなくしたりと、定期的なメンテナンスが必要です。これまで、会社の顧問社労士に最終チェックをしてもらっていたのですが、私が社労士登録したことにより、すべて自社で行うようになりました。

登録した年の10月からは、関連会社を統括する部署の兼務になりました。そこでは関連会社の就業規則の監修や、労使トラブルへの対応をしています。

地方にある関連会社では、東京の当社よりも労使トラブルが起きやすい傾向があり、その都度、法務や経理の上司とともに対応にあたっています。普段関わることのない関連会社の従業員の方々の賃金や処遇といったものを直接扱うので、非常に責任を感じる仕事です。また、関連会社を含めたグループ全社向けの社内報に、社会保険やメンタルヘルスなどを題材にした記事を毎月書かせていただいています。

また同年度に、数年凍結されていた契約社員から正社員への登用試験が再開し、受験したところ、翌年度4月から正社員になることが決まりました。もちろん通常の試験を受けて合格したのですが、単なる社会保険と労務担当ではなく、「社労士の資格を持っている」というのは、合格にあたりかなり大きなポイントになったのではないかと思っています。

◇勤務社労士をやっていてよかったこと

一番の喜びは、社員の方や関連会社総務担当者からの感謝の言葉です。

ある若い女性社員から、育休取得にあたっていろいろと相談を受けアドバイスをしていたところ、彼女は自身の出産・住宅取得などのライフイベントもきっかけとなり、ファイナンシャルプランナー3級の勉強を始めました。彼女からは、「戸川さんがいなかったらこんなに興味を持つようにはならなかった」という言葉をもらいました。

60歳を迎える高年齢社員については、年金の請求手続きに同行したり、各機関から届く書類の書き方などについて書き方のアドバイスをしています。60歳時の手続きは多岐にわたりわかりづらいこともあって、「会社に戸川さんのような人がいて助かる」と言ってもらっています。

また、関連会社の担当者や役員から、頼りにしてもらえるのもありがたいです。

関連会社は、当社と違い十数人の小規模会社のため、総務担当者の扱う範囲は幅広く、細かく専門的なことはわからないことが多くあります。そんなときは当社に連絡が入り、随時相談に応じています。さらに労使トラブルなどの大きな話になった場合は、担当者だけでなく役員も交えての打ち合わせとなります。一従業員であれば、なかなかこのような機会はないはずですが、社労士であるという専門性があるからこそ、担当者や役員からも頼りにしてもらえるのだと思っています。

当社の規模になると、いろいろと突発的な案件や、イレギュラーなケースもしばしば出てきます。

例えば昨年、一昨年と、当社は別会社を吸収合併しました。このときには、両社の就業規則の統合、有期契約労働者との個別契約、社会保険上の合併手続き、さらに労働者派遣業の届出などを担当しました。当然、初めての業務のため、かなり手探りでしたが大きな経験になりました。

また一口に社会保険手続き業務といっても、400名社員がいれば、さまざまなケースが出てきます。過去には障害状態にある社員の障害年金手続き代行、役員が逝去した際の親族の方への関連手続きの案内、社員の再婚相手の連れ子を扶養に入れる手続きなどをその都度調べながら、どうにか対応してきました。

◇勤務社労士ならではの大変なこと

社労士であり、同時に一従業員であるので、バランス感の維持には非常に苦労します。

一従業員としては、もちろん待遇や賃金の向上を期待してしまいますが、経営者など会社側の観点から見ると、それを無条件にかなえることは難しいとわかっています。むしろ、むやみに人件費や従業員数を増やさないにはどうしたらよいか、など、従業員にとっては厳しいことも考えなくてはなりません。

また私が中途入社で営業現場にいたことがなく、資格をもっているという立場上、一般の社員からは「上から目線」にとられがちです。仕事上、就業規則の改定や、雇用契約管理、懲戒処分などに携わりますが、一般社員からは、杓子定規に決めごとだけをふりかざしているように見えてしまうようです。一般的に他社でも、総務や人事といった部門は「お役人仕事」に感じられ、現場部門との感覚の違いがあることは少なからずあるようですので、それを自覚し、なるべく普段から円滑なコミュニケーションをとっておかなくてはいけません。

さらに、一従業員なので、「こうしたほうがいい」と思う場合にも、当然ではありますが最終的には上司、さらに役員の決定にゆだねられてしまいます。規程上はあり得ないことでも、役員の最終判断によって、特例ができてしまうこともしばしばあります。

私の場合は、会社に1名しか社労士がいないため、常にこれでいいのかどうかの不安があります。書類作成などの手続き業務なら、役所に確認するなど、ある程度対応できますが、労務問題対応ではそれが難しいのです。さらに、自社の問題であれば、最終責任者の上司も経てからの決定となりますが、関連会社に対しては、顧問社労士に近い存在のため、かなりのプレッシャーがかかります。

今後の課題でもありますが、現在は当社に一人の社労士ということもあり、皆、その専門知識を頼りにしてくれていますが、社労士が2名、3名と増えてきた場合に、私の強みは何なのだろうか、専門知識だけではこれからの時代は対処できないのではないか、という漠然とした焦りはあります。他の社内社労士が、営業現場を経験していれば、私の強みはなくなってしまいます。

社内社労士が2名、3名いても、「戸川さんに相談したい」と思ってもらえるような存在にならなければ、またそれには何が必要かと思案しているところです。

◇社労士という資格とプライベート

まずは社労士になってから、プライベートでも相談を受けることが増えました。

例えば、60歳を迎える叔父の年金手続きについて、母の友人の娘さんから本業のほかにアルバイトをするときの注意点について、学生時代の友人から育児休業中の給付金について、などの相談です。一般には、社労士の仕事範囲は正確に理解されていないため、中には税金についての相談などもありますが、その際も「社労士業務外だから」と断らず、税理士事務所時代の先輩に相談するなどして、「いつでも相談歓迎」のスタンスを維持するよう、心がけています。

開業社労士のように、業務として請け負うことはできませんが、友人や親戚から専門知識を頼られ、「友人や親戚に社労士がいてよかったな」と思ってもらえることが、何よりのやりがいです。

次に、交流の範囲が驚くほど増えました。

士業の業界では、交流会や勉強会が多く開催されています。

私も、合格直後は手始めに通っていた資格予備校の実務講座に参加し、毎回講座後に行われる懇親会に参加していました。そこで数人の社労士有資格者の友人知人ができ、そこから別の勉強会へのお誘いをいただいて参加、また別の士業の友人知人ができる、といった具合に広がっていきました。同じ社労士でも、私と同じように事業会社の勤務社労士もいれば、開業社労士、社労士事務所勤務、あるいは有資格で普段は別の仕事をしている方など、働き方はさまざまです。

社労士としての話はもちろんですが、交流会や勉強会を離れて、まったくのプライベートのおつきあいをしていることも多いです。私も同じ年代の女性社労士数名とは、ときどき会って食事に行くなど、気楽なおつきあいをしています。

また、私は社労士になってから結婚をしました。

夫は開業しており司法書士と社労士をやっています。きっかけとなったのはやはり、士業の交流会でした。お互いに社労士であり、勤務と開業というそれぞれの立場から、何か仕事上で困りごとが起きたときに、相談し合えるのがありがたい環境です。

◇勤務社労士になるということ

社労士になって、人生が変わったと言っても過言ではないくらい、変化がありました。

それは仕事についても、プライベートについても言えることです。

少し前の時代であれば、「資格をもっていれば、それだけで仕事に困らない」こともあったかと思います。しかし、自分が合格してみて思うのは、「資格をもっている」というステータスだけでは、何にもならないということです。

私も、恥ずかしながら受験を検討し始めた段階では、「資格があればなんとなくいいかな」程度の考えでした。

合格してからは、「合格」という万人共通の目標がなくなるかわりに、それぞれが進む道をいかようにでも選ぶことができます。逆に言えば、進む道を選ばなければ「社労士合格」の履歴だけが残るという状態です。

私はこの資格をどう活かしていこうかと考え、悩みながら、また周囲の協力も得ながら、徐々に今の「勤務社労士」という道を選び始めました。

タイミングや運もありますが、この道を選ぶにあたっては、やりたい仕事を伝えるなど、やはり自分で動いたことが第一にあるように思います。それから、人との繋がりと、それに対しての感謝の気持ちを忘れないことも重要です。

私は、社労士になって本当によかったと、心から思います。

私の体験談を通じて、勤務社労士という仕事について、少しでも興味を持っていただけたら幸いです。皆様が、自分の仕事はこれ、と言える仕事に巡り合うことを願っています。

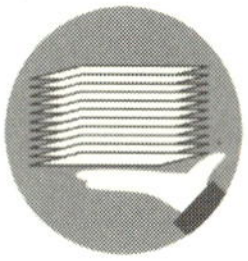

第5章 開業社労士になる！

個人事務所を経営する

社労士試験に合格した後、私は勤めていた商社の人事部に異動の申し出をしました。しかし、人員の空きがなく、異動は難しい状況ということがわかり、私は悩みました。

「せっかく努力して取得した社労士資格をこのまま眠らせてしまうのはもったいない」

と、考えた末、電話帳で（当時はインターネットはなく、電話帳が主流の時代でした！）規模の大きそうな事務所（広告が大きく出ている事務所）を探して、（といっても三つくらいしかありませんでした）電話をかけました。

「御社で働きたいのですが、一度話を聞いていただけませんでしょうか！」

とアタックしました。今から思うと、なんて無謀なことをしたのだろうか、と恥ずかしくなってしまいますが、そこは若気の至り。お金なんていらないから、とにかく経験が積みたい！　その一心でした。私の思いが通じたのか、お二人の先生（後から、とても大御所の偉い先生だと知りました）が何処の馬の骨かもわからない私に時間を取って話を聞いてくださいました。

お二人の意見はどちらも、「転職なんてやめて結婚しなさい」「悪いことは言わないから、今の商社にいなさい」でした。私の父と同年代の先生方からすると、娘くらいの歳の私が今からあえて苦労なんてすることはない、自分の娘だったら結婚して孫でも生んでほしい、と思われたのでしょう。今ならその気持ちはとてもよくわかります。

が、そのころの私は違いました。

「そんなこと言われても、もうどうにもとまらないのよ」

当時、会社の飲み会などで行ったカラオケで、山本リンダさんの「どうにもとまらない」を歌わされていたのですが、まさに頭の中をその曲がぐるぐると流れていました。

また、その数年前に阪神淡路大震災があったこと、私の親友が26歳で白血病で亡くなったこともあり、「人生はたった一度しかない」「生きていられるだけで幸せ」ということを常に思いながら過ごしていたこともあり、現状維持では納得できない自分がいました。

そうこうしているうちに、若手の男性社労士の方にお会いする機会がありました。待ち合わせの喫茶店で待っていると、颯爽と赤いジャンパーに身を包み、元気オーラをまといながらやってこられたU先生。「私、どうしても社労士になりたいんです」という思いを語ったところ、

「やりたいんなら、やったらええやん。やりたいんやろ？　背中押してほしいだけやろ？」

といとも簡単に言われ、

「命取られることなんかないし、あかんかったらしゃあないやん。自分で決めたことやからあきらめもつくやろ」

とも言われました。今でも親交のあるU先生のこのお言葉により、私は翌年4月1日、プロの新人社労士になったのです。

◇3年は歯を食いしばって続ける覚悟で開業

平成9年4月1日。名刺を準備し、税務署に開業の届けを出し、とやったことのないことばかりのオンパレードにわくわくどきどきしながら、この日社労士事務所を開業しました。

「石の上にも3年」、この諺通り、3年は歯を食いしばって続ける。こう決めて始めました。最初は仕事もない＝収入もない、ですからもちろん、コピー機もなし。コピーは近くのコンビニに行っていました。「早くコピー機が買えるくらいになりたいなあ」とコンビニのコピー機の前でコピーをとるたびに思っていました。今もコンビニで昔の私のような人を見ると、「がんばれ！」と心の中でつぶやいています。

開業一年目は従業員もいないため、たまに声をかけていただく仕事の準備に全力を注ぎ、とにかく次につながりますように、と頑張りました。またこの頃は月1回の社労士仲間の勉強会に行くのがとても楽しみでした。後でも述べますが、同業者はライバル、でもありますが、まさかの時に助けてくれる友人ともなり、とても大事なものです。

◇スタッフを雇用し経営の苦労を味わう

開業二年目。この年に社労士業界にバブルが来ました。いわゆる「助成金バブル」です。私にも仕事の依頼をたくさんいただけるようになり、この頃、スタッフを2名雇用することにしました。初めてのスタッフ。私と歳もほとんど変わらない人たちを雇うということは、正直なところとても難しいことでした。今まで必要なかった気遣いや、立場を考えての行動や言動、とても神経を使いました。一人でやっている頃は毎日不安ではありましたが、ある意味「気楽」な部分が多かったように思います。

「経営する」とは「人を雇用する」「人で苦労する」ということなのだと思います。

特に社労士は、経営者が一番頭を悩ませる「ヒト、モノ、カネ」の「ヒト」のプロですから、自分自身も人を雇用してこそ経営者の悩みがわかるのではないでしょうか。私の社労士事務所経営はスタッフを雇ったところからスタートしたと思っています。その後、有り難いことに徐々にお客様が増え、スタッフも一人ずつ増えていき、開業10周年の時には7人になっていました。

この頃までは、ただただ毎日の業務をこなすことで楽しくやっていたのですが、ふとこのままでいいのだろうか、と思うときも増えてきました。

社会保険労務士法人を設立する

このままでいいのだろうか、という思いは、

①このままのスタンスで大阪でやっていて、私は満足なのだろうか？

②このまま個人事務所でやっていて、いいのだろうか？

というものでした。たまに訪れる東京にかなり憧れを持っていて、たまたま知り合いの税理士さんが東京にも事務所を出されたことからも刺激を受けました。悶々としていたちょうどそのころ、社労士事務所も法人を設立できるようになり、法人になることを考え始めました。

そして、ともかくも法人設立にこぎつけました。

個人事務所の際には、事務所名は最初は「大東《おおひがし》社会保険労務士事務所」、次に「おおひがし労務経営事務所」でしたが、社労士法人にする際にまず考えたのは、「大東」という個人名を入れないこと、でした。そもそも法人にする一つの理由が、私個人の事務所、というイメージや実態を払しょくしたかったので、この際私の名前は消すべきだ、と考えたのでした。いろいろと候補を挙げてみましたが、結局「あすか」に決めました。この「あすか」は、「明日も歌が口ずさめるような……」という意味を込めた「明日歌」であり、また、子どものころとても好きだった本、「飛鳥へ、そしてまだ見ぬ子へ」の飛鳥、でもあります。

法人組織のメリットは、まずは創業者である私が死んだ時にも組織は存続するところにあります。スタッフが増え、私個人の事情でお客様、スタッフ、スタッフの家族に迷惑をかけることは絶対に避けなくてはならないため、法人となり、後を任せられる人材が育成できれば、私自身が安心です。

また、この安心感はお客様にも伝わるようで、法人になってからの得意先は比較的規模も大きく、また社労士法人を限定で探しておられた方も多かったのです。

現在、社労士法人になって5年になります。この5年間で、あすか社労士法人は飛躍的に伸びました。具体的には、東京、大阪、名古屋、の3店舗体制となり、スタッフも総勢で約30名となりました。今は法人組織にして本当によかったと感じています。

自分の値段は自分が決める

今でも顧問料を決める時は緊張して汗が出ます。価格表はあるものの、私たちの業務は会社様ごとに依頼される業務内容も違い、見積りを提出してから会社ごとに報酬が決定します。

開業当初は当たり前ですが、経験も自信も全くなかったため、お客様の顔色をうかがいながら、恐る恐る「顧問料は2万円ですが、いかがでしょうか?」という具合でした。今でもその節はありますが……。

ただ、自分の値段＝価値、これが知識や経験を増すごとにだんだんと高められるということは、当たり前のようで実はなかなか難しいことだと思います。特に女性はいくら経験を積んだとしても社会では認められない、ということが往々にしてありますから、その点専門職は恵まれていて、やりがいがあるな、と思います。

たまに、お客様のほうから報酬を上げてもらってもいいですよ、と言っていただくことがありますが、事務所や自分を評価してくださっているかと思うと、心から嬉しく思います。

これからもさらに自分の価値を高める努力を惜しまず、もし報酬が高くてもお客様から感謝していただき、喜んでお支払いいただけるような、クオリティーの高いプロの仕事を行っていきたいと思っています。

どこで開業するか？

◇私が都市圏で事務所を開設している理由

就職しても実家から会社に通っていた私は、開業の場所を考えた時、ごく自然に生まれ育った大阪で開業することにしました。大阪といってもとても広いのですが、開業当初は収入のあても無く、いつどうなるやもわからないので、大阪市内に事務所を借りて、なんて勇気は全く起こらず、大阪のベッドタウンで私の出身地でもある茨木市で、実家が持っていた小さなマンションの一室で開業しました。

最近は開業当初から事務所を借りて、という人も多いと思いますが、本当にすごいなあ、と感心してしまいます。私にはそんな勇気は全くありませんでした。とにかくそれまで毎月当たり前に振り込まれていた給料がなくなるわけですから、不安でした。お恥ずかしい話ですが、先ほどもお伝えしたようにコピー機も買わず、必要な時は近くのコンビニに行っていました。もちろん、ファックス機もなく、電話とファックスが一体になった家庭用のファックスを使っていたくらいです。今ではこの当時の苦労も笑い話ですが、こういった苦労をしていて自分のためには良かったとつくづく思っています。今でもコピー用紙一枚、電気代、移動交通費、これらは無駄遣いしない癖がつきました。たぶん商社ＯＬを続けていたらこのような性格にはならなかったと思います。

話が少しそれましたが、当然の流れとして大阪で開業し、事務所の成長とともに大阪の中で移転を何度か繰り返しました。

茨木市にいたのは約2年で、その後は一念発起し、大阪市内に事務所を借りることにしました。なぜそのようにしたかと言いますと、やはり大阪市内と大阪郊外とではお客様数、客層、そして（私がそう思っているだけかもしれませんが）信頼度も違うのではないかと考えたからです。

当時30歳でまだ若い女性だった私は、実は他人から「信頼」されるためには、ということをかなり真剣に考えており、「どうすれば周りはすごいと思ってくれるか？」といつも考えていました。

大阪市内の中でも何度か移転しましたが、某新聞社のビルに入居した際には、私の思惑（？）がヒットし、事務所の立地のおかげでとても好イメージづけられ、大手の企業様からのオファーが増えました。

おかげさまで開業から常に右肩上がりに業績がアップし、充実して仕事をしている中、東京に事務所を出してみたいという思いが強くなりました。もともと東京の大学に進学したかったのですが、大学も就職もそして社労士事務所を大阪に開業し、すっかり関西に腰を落ち着かせていたのですが、知人の税理士や司法書士の先生が東京に事務所を出されるのを横目で見ては、憧れと共に、「自分にもできるのではないか？」「やってみたい！」と強く感じるようになりました。私の場合は、私自身の性格や育ち方などさまざまな要因によって、たまたま大阪、東京、となっていったのです。

東京に事務所を構えた私は、わかってはいたものの、東京のあまりの大きさに驚きの連続でした。そして、これまでの仕事のやり方では通用しない部分があることを感じ、自分を矯正していったのですが、思うように動けるようになるまで数年かかりました。

例えば東京には、「IT業界専門」の社労士さんがいたり、社会保険労務士の基本的な業務の一つである給与計算業務については、「うちはやりません」としている事務所があったり……、東京は特殊です。そういった事務所が、逆に「専門的だ」と高い評価をされるのです。確かに業界や業務に特化することで専門性は高まります。

また、昨年名古屋事務所を開設しましたが、意図的に三大都市で、というわけではなく、ある方のご縁がきっかけです。ある方というのは、大変お世話になっている大阪の税理士の先生なのですが、この先生の名古屋の顧問先様のお仕事をさせていただくことになり、うちの名古屋事務所ができたのです。

「名古屋は外からの人を受け入れてくれない」等と周りからはかなり脅されましたが、日頃触れ合う人、新しく雇用したスタッフ、皆とてもいい人ばかりで拍子抜けしています。

◇地方で活躍できるか?

地方は都会に比べると会社数が少なく、開業しても顧問先が獲得できないのではないか? と不安に感じる人が多いと思いますが、ライバル(社労士)の数も少ないのが現状です。都会、特に東京は会社もものすごく多いですが、社労士の数もものすごくて、競争が激しいです。都会では、新たなお客様と面談する際、必ず他の社労士も面談をしており、比較されます。大企業は会社のルールとして新たに外部と契約する場合には必ず何人かに会うこと、となっており、3~5社で相見積もりがなされます。

私の場合は、大阪だと他社と比較されずすぐに成約となることが多いのですが、東京では落選(?)してしまうこともしばしば。自分の人格が否定されたような気になり、慣れない頃はやはり落ち込みました。

私はあるコンサルタント会社の社労士の勉強会に加盟しているのですが、2カ月に一度、全国の社労士が集まり、事例発表会をします。ここに参加されている地方の社労士さんを見ていると、かなり意識も高く、恐らくその地域で有名な人(事務所)なのだろうな、と思います。彼らの話しを聞いていると、やはり地方には地方のやり方、都会にはない苦労等がたくさんありますが、いい面もたくさんあります。

まず苦労されている面で私は絶対に無理だなあと感じるのは、他の社労士との人間関係、です。都会に比べて世界が狭い地方都市では誰がどのようなことをしているか等がすぐに噂で広まったりもするそうで、何か新しいことにチャレンジしよう、と思っても常に人目を気にしながらになるようです。一番驚いたのは、ある会社からぜひ顧問契約を、と言ってもらった人がいるのですが、その人の事務所に、その会社と今まで契約していた社労士からクレームの電話が来た、という事です。自由競争の世の中で考えられないのではないでしょうか。

良い面は、コストです。まず、家賃。家賃がとても安いです。場合によっては、国道沿いにとても立派な自社物件を建てている人もいます。三階建のビルに数十台の駐車場。都会ではあり得ません。また、人件費もかなり違います。「最低賃金法」という法律があるのですが、概ねこの金額に比例して各都道府県の時給や月給は違ってきます。地方では、都会の60~80%の金額で雇用できるようです。そして、顧問料ですが、こちらは都会の60%などということはなく、同等、もしくは都会よりも高額なこともあるようです。ですから、地方で頑張れば都会よりも利益が出る、ということになります。

私の単なるイメージですが、地方で活躍している知人の社労士さんたちは、恐らく地元の名士や有名人だと思います。そして、物心ともに豊かに見えます。

地方で活躍している人の共通点ですが、まず第一に「気遣い」が素晴らしいです。同業者に対してもですが、スタッフに対してもです。聞くところによると、賃金が安い反面、求人募集をしても都会ほど人が集まらず、雇用するのに苦労するようです。私も見習わないといけないところです。

そして、次に「向上心」です。活躍している人は都会に出て勉強会に参加したり、他府県の同業者等とネットワークを構築していて、決して情報等が遅れていることはありません。人間ならついつい楽なほうに流されて、「ある程度うまく行っているし、まあこのくらいでいいか」と思いがちですが、活躍している人はかえって都会の人間よりも勉強家かもしれません。

都会も地方もそれぞれにメリット・デメリットはあろうかと思いますが、共通して言えることは、社労士がかかわる法律や助成金等はかなり頻繁に改正があるため、いち早く情報をキャッチすることが重要です。今のご時勢、「情報」は最も価値の高いもの、成功するためには常にアンテナを張り巡らし、勉強することが大切です。

社労士の

体験談

三浦修さんの体験談

◇社会保険労務士になった経緯

私は平成20年8月に社会保険労務士としてクロスフィールズ人財研究所を開業し、5年が経過しました。現在は、職員9名と共に現在の事務所運営を行っております。これまでの私の経緯が参考になるかわかりませんが、若干ながらお話をしたいと思います。

私が、大学卒業後に最初に就職したのは学校法人の事務局でした。その職場に6年お世話になったのですが、非常に世界が狭いところでしたので、知識習得、経験等については今とは比べ物にならないくらい少なく、わりと閉ざされた世界でした。社会勉強になったかと言えば、正直社会経験としては、勉強させていただいたことは少なかったと思います。しかし、その中でも、今でも参考になっているのが、さまざまな行政機関への対応についてです。当時は県庁、

社労士プロフィール

ふりがな　みうら　おさむ

氏　名

三浦　修

出身地	現住所	生年月日	
大阪府	熊本県	1975年10月5日	(男)・女

学歴・職歴

昭和50年　大阪府茨木市生まれ
平成10年　熊本学園大学卒業
平成10年　学校法人順心学園（熊本フェイス高校）の学校事務として6年間勤務学校法人補助金の手続き、および会計監査等で行政（国・県・市）との折衝を経験。公益法人会計という分野で決算業務まで一連の会計業務を担当。また社会保険労務士の業務である諸手続き年金業務、給与計算などを担当し、社会保険労務士の資格を知る。
平成15年　社会保険労務士試験合格
平成16年　岡野会計事務所（現税理士法人熊和パートナーズ）に監査担当として4年間勤務会計事務所の職員（医療介護ほか20件程度担当）として、税務（所得法人・消費）会計、資金繰り対策、および経営についてのアドバイス業務を行う。監査業務の傍ら、社会保険労務士業務（給与計算、諸手続き、就業規則作成、助成金の申請ほか）、医療法人設立コンサルティング（8件）の業務を行う。
平成20年　8月にクロスフィールズ人財研究所を開設、現在に至る。医療・介護事業所を中心に社会保険・労働保険の諸手続き、給与計算等の業務を基本業務とし、労務管理・労務リスクに関するリスクマネジメントの提案を行っている。また、就業規則やルールブックを基盤として、法令遵守と企業のモラル、スタッフのモティベーションなど全体のバランスがとれる仕組み（提携講師と共に接遇研修・FP研修など福利厚生）作りの提案も行っている。

保有資格

社会保険労務士
2級FP技能士(ファイナンシャルプランナー)

市役所等の各部署への対応、国庫補助金はじめ、私学ならではの補助金の申請、また学校法人特有の会計制度に基づき処理を行うこと、私学共済制度の活用についてなど経験させていただいたことは、非常に特殊なことであり、現在の業務には若干ながら関連している部分がありました。

次にお世話になったのが、ある会計事務所だったのですが、社会保険労務士の業務を含め、私の人生においての分岐点となりました。会計事務所では、前職で経験できなかったことを経験させていただきました。例えば、所得税・法人税・消費税法や企業会計、また会社法や医療法に関連する業務やそれに関連する勉強、そして自己啓発に関することなど、わずか4年間だったのですが、非常に内容の濃い経験をさせていただきました。サービス業の考え方、お客さまへの姿勢、業績を上げる方の考え方、行動、そして、飽くなき知識習得への重要性など、多くを学ばせていただきました。

その後、会計事務所を経て、社会保険労務士法人に雇用（使用人兼務役員）されました。会計事務所では多くの業務を取扱いさせていただき、いい経験をさせてもらったのですが、反面能力に限界を感じました。そして社会保険労務士に集中したいと考え、とてもよいご縁だったのですが、考え方と価値観の違いなどから、わずか3カ月で退職（社員辞職）をすることになり、現在（クロスフィールズ人財研究所開業）に至ります。

もちろん、開業当初は何をしていいのか全くわかりませんでしたが、一つだけわかっていたことがあります。それは「お客様をはじめ、周囲の方々への御恩の気持ちを忘れず、何かしらの付加価値を提供すること」です。言い方はいろいろとあるかもしれませんが、単純にそのように当時から考えておりました。

このように、私の人生は紆余曲折であり、家族には一番心配をかけたと、今も反省をしていることもありますが、何とか当時の苦労は報われた感がありますし、これからは今以上に努力をし続けなければならないと感じております。

さて、どうして私が社会保険労務士を志したかについてお話したいと思います。最初に就職した学校法人の事務局でのころ、当時の上記業務のほか、社会保険（私学共済）や労働保険等の諸手続き、給与計算（最初は手書きでした）、そして老齢年金の相談などのように、社労士に関連する業務も行っていたため、社会保険労務士という資格を知り、受験したという経緯です。実は、大学まで税理士志望だったのですが、このような経緯から、社会保険労務士の資格を取得することになりました。現在、社会保険労務士として開業していることが不思議な話かもしれません。

正直申しますと、社会保険労務士になること、開業することへ大きな動機付けがあったわけではありません。ごくごく自然の流れで今があるような気がしており、過去があり現在があるのではないかと感じさせられることも多くあります。これらのことを言い換えると「人生に無駄はない」ということになるのかもしれません。

◇私にとって社会保険労務士の仕事とは

経営者や他の士業・専門業の方、その他の方がたに、「社会保険労務士とは何をしている職業かご存知ですか?」とお尋ねすると、ほとんどの方は「社会保険や労働保険の手続き、給与計算の代行をしている方でしょ？」とおっしゃられます。いわゆる「諸手続の代行業」という理解をされている方が圧倒的に多いのが事実です。

確かに間違いない答えですが、私たち社会保険労務士が行うべきメイン業務は「労務管理」であると思っております。「労務管理」の中に上記のような手続きや給与計算がありますので、どの位置づけでお客さまに対応するのかというスタンスは非常に重要ではないかと思っております。

上記のような諸手続きや給与計算のほかに行うことが出来る「労務管理」やその他業務は多く存在しますが、クロスフィールズ人財研究所で上記以外に積極的に行っている業務は以下のとおりです。

□助成金の申請、アドバイス
□就業規則の作成、アドバイス
□採用時適性診断・組織診断ほか
□労務診断・労務監査

□行政（監督署・年金事務所・労働局ほか）対応　など

その他に、社会保険労務士として重要な仕事としましては「経営者にとって、あらゆる問題を解決すること」です。中小企業庁の調べによりますと、全国の中小企業の経営者のうち約65％が「定期的な相談相手がいない」という現状にある中、私たち社会保険労務士が相談相手になってもいいのではないかと思っております。

経営資源としてよく「ヒト・モノ・カネ」と言われます。私の場合、その順番と中身について若干違い、「カネ」「ヒト」、そして「情報」という理解をしております。「カネ」については融資のご案内や事業計画書策定、助成金のご案内などができます。また「ヒト」については私たちの専門中の専門となりますので、その類の問題解決については全くもって私たち社会保険労務士の出番です。「情報」につきましても、情報化社会ですので、あらゆる情報はいつでも、どこでも取得でき、経営者の問題解決のためにピンポイントで情報提供を行うことで解決できます。

少し言い過ぎかもしれませんが、経営者の問題のほとんどは、このように社会保険労務士が解決できるのではないでしょうか。そのためには、さまざまな知識の習得、知恵を創造し、そして多くのことを経験することが必要になってきます。

よって、毎日が自己研鑽の場であるため、常に進化が求められるのが私たち社会保険労務士の宿命であり、使命と言えます。

なお、弊所の場合は、上記の労務管理に関すること以外につきましては以下のような業務も行っております。

□経営相談・経営アドバイス
□各種セミナー開催
□経営情報の提供・さまざまな情報発信
□医科・歯科クリニック開業支援
□介護事業所開業支援
□他士業（税理士・弁護士・司法書士ほか）・金融機関・各種コンサルタント等紹介

◇社会保険労務士が地方で成功するために

私が、開業以来行ってきたマーケティングや営業について触れたいと思います。

社会保険労務士は「先生」と呼ばれますが、先生と呼ばれる立場上、直接営業を行ってはいけないと思っております。私の場合、一度も直接営業を行っておらず、多くの協力者、連携先の方がたからの紹介やお客様の紹介、そしてセミナー、ホームページを通じてのお客様とのご契約となりますが、このことを同業の方にお話すると、驚かれることが多々あります。しかし、この考え方が当たり前だと思っておりますので、まずは、この考え方が当たり前であると、これから士業として開業される方にはもっていただきたいのです。

では、マーケティングや営業で成功するため、また、地方で成功するためにはどのようなことを行えばいいのでしょうか。何か特別な方法があるのでしょうか。

実は、都市部と地方でのマーケティングや営業の違いは、ほとんど差がないと思っております。私が行ってきたマーケティング戦略は、「アライアンス戦略」「ブランディング戦略」「プラットフォーム戦略」の三つです。

「アライアンス戦略」というのは、一言で連携です。税理士・弁護士・コンサルタントや自分の周囲の方との連携です。

「ブランディング戦略」というのはホームページ・Blog・セミナーなどで情報を発信し、自分の強みを創ることです。

「プラットフォーム戦略」は自分が中心となり、周囲の方々へ情報発信を行い、自分に情報が集まる仕組みづくりです。

これらの戦略を考え、継続的に行動しなければならないことは、都市部であっても、地方であっても違いはありません。ただし、最近感じることは、何事もそうかもしれませんが、決めたことを「継続性」をもって行動することが重要であるということです。

もし、都市部と地方で違いがあるとするならば、「マーケティング分析」です。私の場合は以下のように行ってきましたので、簡単にご説明します。

まずは、自分自身の分析と、商圏の分析を徹底的に行わなければなりません。昨今の経済や業界の流れもしっかりと把握する必要もあります。加えて、経済や業界の過去の歴史や現在の状況、そして未来予想を考えることも必要になります。

私の場合は、助成金についての情報力と、会計事務所での経験による幅のある提案力であると理解しております。また、これからの産業について「医療と介護」「食料品製造業」、キーワードとして「食と健康」「高齢者や障がい者の雇用」などが考えられるのではないかと思い、その後の戦略を立てることにしました。

もちろん、さまざまな考え方があると思いますし、地域性や個人の好み、過去の経験などでそれぞれ分析内容が変わっていくでしょうが、私たちも経営者ですから、「どこにキャッシュポイントがあるのか」をしっかりと分析し見極めることは、ビジネスにおいて重要な要素になるのではないかと思っております。よって、自分の好みや勘だけで分析を進めることは避けるようにしなければなりません。

昨今では情報があまりに氾濫しすぎているので、私たちはどの情報が正しいのかを判断する力を養わなければならないことも事実です。正しい情報と知識の収集と理解はこれから非常に重要なことであると考えておりますが、これがマーケティングや営業活動において、キモとなります。

◇社会保険労務士として大切なこと

私は、開業前から現在まで、以下のことを重要視し、行動してきました。

□常に正しいことを追求し、正しい行いをすること

□周囲の方への感謝を常にもつこと

□お世話になった方への御恩を忘れないこと

□常に学ぶ姿勢をもち、自己研鑽を怠らないこと

□情報提供についてはスピードと正確性をもつこと

このようなことは、私たち日本人にとって当たり前のことばかりですが、意外と忘れられているような気がします。当たり前のことを当たり前に行うこと、またそれを大切に想うことが重要であると考えます。

また、最近上記の他に、非常に重要視していることは「高い倫理観（モラル）」を持ち、さまざまな知識と知恵を持つこと、そして、自分に自信をもってお客様にアドバイスすることです。例えば、助成金のアドバイスをする際、どのように考えるべきかという問題についてです。

社労士：「新たな事業展開する際に助成金という制度があるので、活用できる際には、ぜひ活用しましょう」

経営者：「助成金をもらえるようにするためには、私は何をすれば（事業展開）いいですか？」

社労士：「助成金（お金）のための事業でなく、事業計画を見て該当しそうな助成金を私がご提案します」

経営者：「いや、だから助成金（お金）をもらうために何をすればいいのですか？」

社労士：「……」

経営者にとって資金繰りは一番重要ですので、積極的に助成金の受給申請はお手伝いすべきことでしょう。確かに、受給できれば理由はどうであれ喜ばれるのは事実です。

それでは、助成金（お金）を受給できればそれでいいのでしょうか。私は、単に受給のお手伝いをすれば、それでいいとは思いません。

重要なことは、上記で示したように「高い倫理観（モラル）」を持ち、お客さまの会社をしっかりと考え、「長期経営の視点」で判断すべきと考えます。じっくりと考え、長期経営の視点、また総合的に経営を考えた上での判断をご理解いただき、助成金受給申請のお手伝いを行っていきたいものです。場合によっては、助成金の受給申請をお断りしたほうがいいことも出てくるかもしれませんが、目先のことだけでなく、総合的に判断することを指南すべきであると思っております。

それではもう一つ、労務問題について考えてみましょう。

経営者：「うちの従業員が年次有給休暇は権利だからと言って、上司や同僚のことを考えずに取得することが多くて困っていますよ」

社労士：「確かに、年次有給休暇は労働者の権利ですので、認めなければなりません。しかし、事前に申請を行って頂き、周囲への配慮は必要です」

経営者：「では、どのように指導しましょうか？」

社労士：「まずは就業規則やルールブックなどで年次有給休暇取得のルールを決めましょう。その後、ルールを守っていただくことを理解してもらうことです。職場内でもルールを守ること、そして秩序を守ることは大切であると指導しましょう」

法律やルールを守ることは、経営者（使用者）だけでなく、従業員（労働者）も同様ですので、はっきりと指導すべきことは指導すべきです。ただし、その指導を行うためには、私たち社会保険労務士は「高い倫理観（モラル）」をもって経営者と従業員への指導を行わなければならないと思っております。

経営者の方々はじめ、従業員さん皆さんそうですが、何が正しいのか、ということが理解できていないことが多いのが事実です。昨今のように、あまりに情報が氾濫しすぎており、判断の根拠が何なのか、判断の方向性など分からないことが多いのです。そのような中、これからますます、私たち社会保険労務士の出番は増えるのではないでしょうか。

◇これからの社会保険労務士像

中小企業経営者が、私たち社会保険労務士へ期待することは、時代とともに変わるものであると感じております。

これまでは「社会保険や労働保険の手続きの仕方がわからない、煩わしいから代わりにやってほしい」「給与計算が面倒なので計算の代行をしてほしい」「助成金の手続き代行を行ってほしい」などの要望でした。

しかし、昨今の中小企業経営者が、私たち社会保険労務士へ期待することは、上記に加え「メンタルヘルス対策を考えてほしい」「助成金やその他、経営に役立つ情報がほしい」「組織の活性化はどうすればいいのか教えてほしい」「ハラスメントの対策はどうすればいいか」「管理職への指導や教育を一緒に行ってほしい」など、以前よりも難易度が高くなってきていると感じております。

このように、中小企業経営者のさまざまな期待、要望がある中、私たち社労士の最大の使命は、中小企業経営者の「問題解決」であると考えます。中小企業経営者の「問題」を理解し、それを「解決」する。また、マネジメントを行い、従業員のモティベーションを上げ、お客さまの業績を上げることで企業のお役に立てる、そして企業価値を上げることができれば、経済の活性化に繋がります。

中小企業経営者の問題解決から地域経済の活性化の簡単な構図は以下のような流れです。

① 使用者と労働者へ正しいコンプライアンスの教育指導を行う
② 使用者と労働者の役割を理解いただく
③ 労働者は安心して働くことができる
④ 使用者・監督者への更なるコンプライアンスの指導教育と部下への理解を行う
⑤ 部下のモティベーションを上げる施策を経営者・管理者と一緒に考え実行する
⑥ 全体のモティベーションが上がり、業績を上げることができる

机上の空論のように思われるかもしれませんが、仮説を立て実証する努力を行い、微調整、そしてお客さまの人材マネジメントを一緒に行っていくことで使命が達成されます。昨今では「ヒト」の「問題」解決である、労務管理と人事管理の重要度は上がる一方なので、私たち社労士の役割はますます大きくなると感じております。

井口愛さんの体験談

◇開業前

試験が終わった後、基金訓練という制度を利用してパソコンや簿記を勉強しました。それまで専業主婦期間が10年以上で、パソコンはメールとインターネット以外ほとんど使ったことがなかったので、どこに勤めるにしてもワードとエクセルは必須だと思ったからです。

カリキュラムが終わる少し前から、社労士事務所での求人を探し、経験のない私でも採用してくれる事務所をインターネットの社労士専門の求人サイトや検索エンジンに「横浜川崎町田社労士求人」とキーワードを入力して、社労士事務所のホームページや各先生のブログまで徹底的に検索しました。

社労士受験の時に最初にお世話になった講師の女性社労士さんがとても素敵で、自分もいつかこうなりたい、という目標があったので、企業勤務の社労士というよりは、開業されている先生の元で働いて仕事を覚えたいという思いが強くありました。三つの

社労士プロフィール			
ふりがな　いぐち　あい			
氏　名　**井口　愛**			
出身地 **大阪府**	現住所 **神奈川県**	生年月日 **1970年5月18日**	男・(女)
略歴	大阪府堺市出身関西外国語大学短期大学部を卒業後、都市銀行に入行。窓口業務に従事する。 来店客数の多い支店での経験で、大量の事務処理を正確かつ迅速にこなすことを得意とする。 窓口で日常的に中小企業の経営者様と会話していた経験が現在の労務コンサルティングにおいて大きく役立っている。 「一生かけて人の役に立てる仕事をしたい」と思った時に社会保険労務士という資格に出会う。 試験合格後は横浜の社労士事務所で実務経験を積む。 平成２４年１月に「あい社会保険労務士オフィス」を開業。 企業の人事労務をサポートすると同時に、横浜市内の年金事務所で老齢・遺族・障害とあらゆる年金の相談に乗り、きめ細やかな対応に評価を得ている。 起業支援や多様化・複雑化する経営課題を解決する専門家である『認定支援機関』になるため、経営改善計画策定研修を現在受講中。 人に、何かのきっかけ・希望・生きがいを与え、新しい展開を提案できるコンサルティングをモットーとしている。		

事務所に履歴書を送り、最初に面接を受けていいお返事をいただいた、横浜の個人事務所で2年間、いろいろなことを経験させていただきました。

◇開業後

開業登録は平成23年1月です。まだ社労士事務所で勤務しており、いつ独立するかは全く考えていなかったのですが、週4日勤務だったので、残りの日で自分のお客様を持ちたいと思ったのが開業のきっかけです。

仕事が取れる自信も見込みも営業経験も全くありませんでしたが、勤務先の社労士事務所にどんどん仕事が舞い込んでいるのを見て、社労士の需要はまだまだある、というのを実感していました。

開業登録してすぐに所属する支部会の会合に参加しました。

顔の広いボスに支部の先生方を紹介していただき、その時に支部主催の年金研究会があることを知り、早速参加することにしました。

受験生の最初の頃は苦労した「年金」でしたが、合格する頃には好きな科目になっていました。

多くの先生が労務の仕事に特化して、年金は全くやらないという現実を見てきて「せっかく勉強したのにもったいないな」と思っていたので、支部の先生方と年金をさらに専門的に勉強できると知り、とてもワクワクしました。

その後、社労士会からの行政協力として年金相談員の募集があった時は、迷わず立候補しました。

沢山の応募の中から運良く採用となり、平成23年4月より週1日、年金事務所の相談ブースでお客様の年金相談に乗ることになりました。

23年夏頃から、知り合いの税理士の先生に紹介していただいた企業様の労務相談、書類作成などの仕事もするようになり、事務所勤務の社労士、年金相談員、開業社労士の兼業生活をしていました。

◇独立後

もっと多くのお客様を持って、より深く関わっていきたい、といった思いが強くなり24年1月に独立しました。

開業前に社労士事務所で書類の書き方、役所やお客様との対応を自分で経験し、先生の仕事の運び方を近くで見てきたので、実際に自分のお客様の対応をする時に慌てることが少なくて本当に良かったです。

当たり前ですが、お客様は何もない時には連絡してこないもので、何かが起こって困った時に電話がかかってきます。その時に即答はできなくても、折り返しなるべく早いタイミングで的確なアドバイスをしたり、すぐに書類作成の対応をしなければなりません。

また、お客様も百人百様、同じ事例なんてものはほとんどなく、次々と新しいことが起こるので、社労士事務所で何年経験したら大丈夫ということはないだろうと思います。問題に対して自ら頭を悩ませ、あるいは先輩の社労士に相談して解決する、そうやって、また新しい一つの経験を積み重ねていけるのが楽しいです。

忙しくなって使い方を覚えるのが大変になる前に社労士ソフト（日本シャルフ）も導入しました。

書類の作成のスピードアップやミスを減らすことができ、早い段階で契約しておいて大正解だったと思います。最近のものはそんなに高くないので、収入に不安がある開業したての人でも無理なく導入できるのでおすすめです。

◇自宅兼事務所

これまで、開業登録から独立へとノープランで流れにまかせて行動してきました。

企業の多い都内や横浜の一等地に事務所を借りて、ホームページを充実させて、こういった業務に特化して……といった戦略は全く取ってきませんでしたが、徐々に仕事が増えてきているので、焦らなければ、何とかなるものだと思います。

私の場合、自宅兼事務所なのですが、良い所は、思い立ったらすぐに仕事にとりかかれること、調べたい書類や本がいつでも手元にあること、事務所の家賃が必要ないことでしょうか。社労士の仕事はまだ紙ベースの物が多く、私もスキャナで取り込んでデータでも保存していますが、やはりパソコンの画面より、実際に紙を目で見た方がしっくりくるので、デジタルのデータはあくまでもバックアップのためです。

社労士の特徴とも言えますが、私も勉強会やセミナーで情報を仕入れるのが大好きで、どんどん資料が溜まっていきます。どんどん手狭になり始めているので、仕事専用の動線の良い広い部屋が必要になると思っています。

これまでお客様がこちらにお見えになったことはなく、私がお客様の所に出向いているので、来客対応の心配をしたことはありません。

「オンオフの切換えが難しいのでは?」と言われますが、目の前に仕事が山積みになっていたら、自然と仕事モードに切り替わりますし、自分の集中力がどこまで続くか分かっているので、それを過ぎるとミスに繋がる、と常に自分に言い聞かせて、緊急対応の時以外は決まった時間に仕事を終えるようにしています。

◇仕事の内容

私のお客様は新しく社会保険・労働保険に加入される、というタイミングで対応させていただいている方がほとんどです。社員の入退社、出産・育児休業の対応、就業規則や各規定の作成（書類作成）や労務に関する相談、役員、社員、そのご家族の年金相談、などをさせていただいています。

書類作成業務と相談業務は半々くらいの割合です。時どき原稿を書く仕事もします。

◇他士業との交流

試験に合格してからブログを始めました。

同じ年の合格者の知り合いが全くいなかったので、事務指定講習（2年以上の実務経験がない試験合格者が夏に受講する4日間のスクーリング）に一人で参加するのはつまらないなと思ったのと、知り合いの行政書士さんがブログを楽しそうに活用されているのを見たのがきっかけです。

　このブログをきっかけに同期の友達が沢山できました。

　スクーリングの後はフェイスブックも始め、さらに交友関係が広がり、社労士だけではなく、弁護士、司法書士、税理士、会計士、行政書士、中小企業診断士、不動産鑑定士など、「士業」と言われる知り合いが沢山できました。

　一芸に秀でている方が多く、テニスがとても上手な方、バンド活動をしている方も沢山いて、そういった仕事以外のところでの交流も活発に行われています。

　合格して初めて会った士業の方々と仕事で協力しあえる関係になるとは、ほんの数年前の私からは全く想像できませんでしたし、私のことを長年知っている友人も、私の変わり様にすごく驚いていています。

◇勉強会やセミナー

　所属している支部や県会、または先輩の先生が主催または登壇されているセミナーや勉強会が毎週のように神奈川や東京のあちらこちらで開催されていますが、自分でもセミナーを開催するようになりました。業界で大活躍されているような著名な先生でも、私達の「知りたい」気持ちに賛同して下さり、手弁当程度の報酬で快く引き受けて下さることも多々あります。

社労士に限らず、士業と言われる先生方は、本当に人間的に素晴らしい方が多く、それがやはり〈お客様を魅了する〉＝〈顧客が多い〉ことに繋がっているのだろうな、としみじみ感じています。

◇年金事務所

年金事務所での相談業務を今は週に2日、8時半から17時15分まで行っています。

個人事務所では受けられない多くの案件に対応し、その一つ一つを自分の知識、経験として積み重ねていけます。受付担当のみの所あり、限られた種類の相談業務のみの所あり、障害年金でも何でも全て受ける所あり、といった風に派遣される年金事務所によって、社労士が担当する仕事はさまざまです。

年金は本当に複雑で難解ですが、だからこそ他士業ではなく社労士が力を発揮することができる仕事だと思っています。時には法律の前に何もできない無力感を感じる時もありますが、依頼者の助けになっている、何とかしてさしあげたい、と実感できる仕事でもあります。

開業社労士は顧問のお客様が増えるまで収入が少なく、安定しなくて苦労することが多いと思うのですが、私はこの年金相談員の仕事のおかげで、一定の安定収入を得ることができています。

ただ、年金事務所の業務を受けた場合、朝から夕方まで拘束されることと、シフトを自分では決められないので、自分自身のお客様からの電話や役所とのやりとりでお昼休みが無くなってしまったり、事務所の業務だけをこなしている人に比べるとフットワーク軽く動けないといったデメリットもあります。

◇先輩社労士

支部の先生、セミナーなどで知り合った先生、どの大先輩も長年の経験で得た沢山の知識や情報を惜しみなく教えて下さいます。

請求書や見積書、顧問契約書のひながたをシェアしていただいたり、個別に勉強会を開催してくださったり、Facebookで全国の社労士と繋がっているグループもあり、日々さまざまな質問が飛び交っています。実務経験がなくても諸先輩方のご協力をいただいて、何とか仕事を形にすることは可能だと思います。

◇同期

連合会が主催する事務指定講習と、それをきっかけに仲間が立ち上げてくれたFacebookの合格者グループのお陰で、同期の仲間が一気に100人以上できました。その後さらに増え続けています。

同じ専門学校で勉強したわけではなくても、あの苦難を乗り越えてきた「同志」という意識が強く、事務指定講習から4年経ちましたが、今でも時どき集まる良い関係が続いています。

同期で開業しているのは全体の約4割強、勤務社労士が約3割、残りの人達は資格と関係のない従来の仕事を続けています。

社労士の仕事をしている人もしていない人も皆が口を揃えて言うのが「この試験に合格して人生が変わった。挑戦して本当に良かった」という言葉です。

私も世界がとても広がり、充実した毎日を送ることが出来ています。

社労士試験に挑戦するまでの私は「このままの人生でいいのだろうか?」と考えることが本当に多く、悶々としながら長い年月を過ごしてきましたが、合格してから、自分の生き方に疑問を持つことは全くなくなりました。「これしかない」と腹を括れたのと、誰かのお役に立てている実感があり、目標にしたい尊敬する沢山の人々に会えたからだと思います。

◇開業して良かったこと

自分のお客様を隅から隅までフォローしてあげられること。

会社が少しずつよくなっていく、そして従業員さんの職場環境改善のお手伝いをできるのはとてもやりがいがあります。

次はどんな提案をしようか、などと考えるのは生みの苦しみもありますが、とてもワクワクするので、これが一番私の性に合っているようです。

そもそも開業をしたい、と思っている時点で、私は人に雇われるのが性に合わない人間なのかもしれません。年金事務所で勤務する日以外の日を自分の思うとおりにスケジュールを組めるので、ストレスがありません。

◇開業社労士の大変なこと

自由な分、仕事が入るペースを自分で完全にはコントロールできないので、沢山の仕事が一気に舞い込んで、ひたすら電話応対に追われたり、やってもやっても仕事が終わらなくて食事や家事の時間が全く取れなかったり、役所のハシゴで街中を走り回ったり、といったことも時どきあり、パンク寸前状態で泣きたくなることもまれにあります。

それでも充実感がありすぎるぐらいの方が、指をくわえて仕事を待っているよりは私にはいいのかもしれません。ですが、自分の代わりはいないので、体調を崩すと大変です。忙しい中でも、体調や休みの管理はしっかりしなければなりません。
土曜日も営業しているお客様が多いので、電話が鳴らないのは日曜日だけです。私の場合は移動が多いので、携帯電話に連絡していただくことが多く、そうすると夜8時過ぎでも電話がつながってしまうので、これはいずれ、きちんと線引きしなくてはと感じています。

◇1週間の流れ
朝8時か9時から書類作成、役所巡り、電話応対、調べものであっという間に18時、19時になります。

平日に2日は年金相談員
残りの3日は事務処理
残りの1日は勉強会に参加またはその復習など自己啓発
残りの1日は原稿の執筆、資料作成、またはオフ
というのが理想ですが、現実には週に1日オフがあれば良い方です。

◇今後の課題と目標

問い合わせや連絡には、なるべく早い返事を心がけていますが、まだまだです。大活躍されている諸先輩方の返事の早さに本当に驚きます。私のような新米のちょっとした問い合わせにも秒速の返信です。仕事の出来る度合いと返事の早さは比例していると感じます。

障害年金や遺族年金の仕事を個人的にも受けていきたいと思っています。

従業員・管理職の研修や人事賃金制度構築にも取りかかる必要があるので、こちらも準備を進めていきます。

「書類を作って提出してくれる人」で終わらずに、お客様の会社がよくなる提案をし、社労士の存在意義をもっと認知していただけるような仕事の質にしていきたいと思っています。

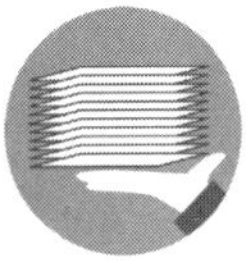

第6章

社労士の活躍フィールドはいっぱい!

あなたは社労士に向いているか？

私が社労士になろうと思った時、自分が社労士に向いているのかどうか、やはり不安でした。皆さんも、試験勉強に手は付け始めたものの、果たして自分が社労士に向いているのだろうか？　と考えたことはありませんか？

私なりに社労士に向いている人はどんな人か考えてみました。

・人が好きな人
・中小企業の社長が好きな人
・中小企業が好きな人
・人事、労務に興味がある人
・細かい仕事が好きな人
・時間をいとわず仕事ができる人
・フットワークの軽い人

・お金がすべてではない人
・勉強が好きな人
・社交的な人
・どろくさいことが嫌ではない人
・何でも受け入れられる人
・親身になれるけど、深入りしすぎない人
・サービス精神旺盛な人

並べてみると、特に社労士に限らず、仕事そのものに向いているかどうか、になってしまいますね。

本当に社労士で生活できるのか？

私も開業する前は本当に社労士で食べていけるのか、とても心配でした。社労士でばりばりやっている人を知らなかったため、女性の私でも大丈夫なのか知りたくなり、知人から二人の社労士の方を紹介いただき、話を聞かせていただきました。

まずは第一章で述べた女性の社労士さん。

「男も女も関係ないですよ」

という言葉をあの時間いていなければ今の私はいませんでした。

次に男性の社労士さん。この方はとても元気はつらつ、やる気オーラが満ち溢れていました。見るからに「毎日が充実しているよ！」という雰囲気が漂っていました。

「どこかの事務所で修業して、そのうち開業しようかと考えています……」

と言ったところ、

「どこの事務所に行っても同じや。いっそのこと、すぐに開業したら？」

と軽く言われました。

「何を言ってるの？」

と信じられませんでしたが、よくよく話を聞いているうちにとてもやる気になり、最後には「私にもできるかも!!」と思っていました（これは私の単細胞でB型気質の影響かもしれません）。

今になってこの頃の私を分析してみると、ひたむきさとやる気は誰にも負けないくらいにあったと思います。実力も経験も何にもないないづくしの私でしたが、気持ちの強さでは負けていませんでした。

人の能力にはそれほどの差はないと思っています。やはり気持ちの問題ではないでしょうか。社労士で生活できるのかどうかではなく、

「絶対に社労士で生活してやるんだ。ＯＬよりも稼いでやる!」という強い気持ちと高い志があれば誰にだってできると思います。

現に私は1年目の年収はＯＬ時代の半分くらいに落ち込みましたが、2年目にはすでに人を雇用するくらいまでになっていました。

私の周りで成功している人たちに共通していることは、最初は選り好みをせず、何でもやってきた、というところ。それから、お金が欲しいのはやまやまですが、お金を追わず、まずは良い仕事

をすることに徹することです。いい仕事をしていれば、絶対にお金は後からついてくるものです。私は開業当初はお金のことは一切気にせず、仕事（経験）をさせていただけるだけでとても有り難いと思って走ってきました。当時のお客様には大変申し訳ないですが、勉強させていただきながら仕事させていただきました。本当に感謝しています。

ますます広がる社労士の専門業務

社労士の専門業務には、一般的には次のようなものがあります。

⑴手続き業務

主に中小企業の労働、社会保険の入退職手続きや給付金の手続きを行う業務です。

⑵給与計算業務

税理士さんもなさる業務ですが、社労士もやっている人が多くみられる業務です。やはり主に中小企業の給与計算を毎月行います。

(3)相談業務

企業で起こる労務問題について、専門家として相談を受け、また、就業規則などのアドバイスも行います。

これら以外にもさまざまな分野で活躍ができます。

例えば、銀行での年金相談。年金は社労士の唯一の独占業務と言ってもいいと思います。皆さんの年金に関する悩みに答えることは、とても社会に貢献できる仕事です。また、昨今の心身に不調をきたす人の増加にともない、障害年金の相談を受ける業務も多くの社労士が対処し始めています。

それから、前述のような手続きや給与計算業務はせず、人事コンサルタントとして活躍している方もいます。また、雑誌や書籍の執筆に特化する、学校で社労士の受験勉強を教える先生になる等、いろいろな場面で活躍ができます。

年金に特化する！

開業してすぐに市役所の年金相談員の仕事（週2日）をいただきました。国民年金課で市役所職員の方と一緒に市民の相談を受けるのですが、試験に合格しただけの私が相談にのれるはずがありません。ベテラン職員の方を見ながらこそこそと本を調べて、「なるほど、こういう風に使うのか」と、お金をもらいながら勉強させていただいていました。

2年ほど経った時、一緒に働いていた社労士の方から、「今度は銀行でやってみない？　人が足りないんだよ」と誘いを受けました。

「銀行で年金相談！」

この仕事は社労士のあこがれの一つなので、私も夢のようでした。ただ、市役所と銀行では同じ年金相談でもスタンスが違います。「厳しいよ」と言われていたとおり、本当に緊張感はたいへんなものでした。当初、半年くらいは1日年金相談に行くと、家に帰るとぐったりで、食事ものどを通らないくらいに疲れ切っていました。

結局この仕事は計15年、2014年の3月まで続けていましたが、年金に関しては自信が持てるようになりました。15年で約５０００人の相談を受けたことになります。

以前、たいへん優秀な公認会計士の方に、「年金だけは未知の世界だ」と言われました。社労士にとって、本当に専門分野と言えるのは、この年金だと思います。

今は、障害年金ブームと言われています。これは当分続くでしょうし、障害年金を受給される方のお手伝いができる唯一の国家資格が社会保険労務士です。年金を専門的に勉強してみるのも一つではないでしょうか。

インターネットの活用

私が初めてウェブサイトをもったのは、今から14年くらい前のことです。とりあえず何かウェブサイトがほしいと思い、名刺代わりに作成してみました。

実際にインターネットを活用し始めたのは、その2年後くらいのことです。当時はまだウェブサイトが無いのが当たり前の時代でした。そんな時代にもかかわらず、集客をインターネットだけでやっている行政書士さんと運よく出会うことができました。彼に出会わなければ今の事務所はなかったと言っても過言ではありません。

彼からネットで集客する方法を学び、業務特化したウェブサイトを3つ作成しました。SEO対策を万全にし、ぽつぽつと電話やメールの問い合わせが来るようになりました。そしてお会いして顧問契約を結んでいただくことも多くなりました。

今ではその他にもウェブサイトを立ち上げ、10以上のサイトを運営しています。これらのウェブサイトから日々問い合わせがくるようになっています。弊所では知人からのご紹介とインターネットからの問い合わせが半分半分くらいになっており、今では欠かすことのできない営業アイテムとなっています。

最近は、スマートフォンのサイトも多くなってきました。

もしあなたがインターネットなど機械ものに弱い場合は、外部の業者さんに協力いただいて、ぜひ工夫して活用すべきだと思います。

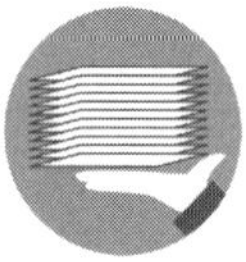

第7章 お客様の心をつかむ社労士として大切なこと

ニーズが多様化する社労士業界

社労士というと「社会保険書類の事務代行屋さん」というイメージがまだまだ強いかもしれません。しかし、今では人事・労務のアドバイザーとして活躍したり、M＆A（企業合併）の仕事を他士業と連携して行ったりと、昔よりも仕事の幅がどんどん広がってきています。社労士の資格と知識を活かして、応用していく、という感じでしょうか。

私が開業した平成9年ごろはまだまだ社労士の知名度も低く、企業もそこまで社労士を必要とはしていませんでした。どちらかと言うと、税理士さんのほうが圧倒的にニーズが高かったのです。

しかしここ数年、未払い残業やメンタルヘルスなど、労務問題がニュースで頻繁に取り上げられるようになり、企業の労務に対する意識は高まる一方です。今では、弁護士の資格を持つ人が労働問題で社労士業に参入してくるほどになっています。

社労士と弁護士の違いは、社労士は「未然に問題を防ぐ労務の専門家」です。それに対して、弁護士は「問題が起こってしまった後の後始末をする専門家」です。関与している企業に労務問題が起きないよう、アドバイスや処理を行うのがわれわれ社労士の使命です。

先日、ある人から、

「士業の中で一番未来が明るいのは社労士じゃないですか」

と嬉しいお言葉をいただきました。開業した当時の社労士業界を思い返すと、夢のようなお言葉です。

「結局、企業はヒト、じゃないですか」

ともおっしゃっていました。

これだけＩＴ化の世の中になっても、企業はヒト、です。その通りです。

私も、一番将来性があるのは社労士だと感じています。

人との縁を大切にする

初めは無い無い尽くし（金無し、コネ無し、経験無し）でスタートした私ですが、今まで生きてこられたのは、周りの方々に大変よくしていただいたから。これに尽きます。

開業当初から、どれだけの方々にお世話になったか数知れませんが、一人の方から次の方、また次の方、とまさに「縁を結ぶ」という形で仕事をさせていただいてきました。

今はネットの時代ではありますが、私はやはり本当に大切なことはコミュニケーション、「ヒト対ヒト」、リアルの世界だと確信しています。

現に、知り合いの方からの紹介で新しいお客様に会うと、とてもスムーズに仕事をいただくことができます。その方の信用があるからこそ、です。また、知り合いの知り合いは何となく似ているもので、波長が合うものです。不思議ですね。仕事相手にも必ず相性がありますから、ご縁は大切に、です。


「縁を結び、縁を育て、縁に生きる。縁を結び、縁を尊び、縁に随う」

私の尊敬する社労士の方から教わった言葉です。


実は先日、知り合いの公認会計士さんが50歳という若さで他界されました。

東京に出てきたばかりの時、仕事のなかった私は、事務所の近所の税理士事務所をネットで探し、何軒か飛び込みで訪問していました。その時に知り合った公認会計士さんです。その方は、全く見ず知らずの私を温かく出迎えてくださり、お忙しいのにもかかわらず、2時間ほど私の話を聞いてくださいました。

そして、

「何かお願いしたいことがでるかもしれないから、パンフレット置かせてよ」

と言ってくださり、本当に仕事の依頼をいただけるようになりました。

実は東京の人は冷たい、と覚悟をしていたのですが、こんなにもスッと受け入れていただき、帰り道で涙が出たのを覚えています。

彼は知り合った時から癌におかされていたのですが、会うといつも人生観を語ってくれました。大病を患い、いつも死と隣り合わせに生きている彼の言葉には深く達観したものがありました。彼と会うと、常日頃仕事のことで頭が一杯で余裕のない自分自身を反省する機会となり、また何か清々しい気持ちになったものでした。

彼が亡くなった後、彼の事務所の業務を引き継ぐことになられた後輩の会計士さんとお会いし、また一緒に仕事をすることになりそうです。こうやって人と人との出会いが自分を豊かにし、また仕事にもつながるのです。

多くの方と触れ合うことは人生にとって一番重要なことだと思います。

今、東京に出てきて約5年。この間、全く見ず知らずの私に大変親切にしていただいた方がたくさんいます。こういった方々のおかげで、今、私の事務所は運営できているのです。本当にありがたいことです。

最も大事なのは、感じの良さ、コミュニケーション能力

私が採用面接をする際に特に気を付けていることは、

1、その人は感じが良いか

2、コミュニケーション能力はどうか

3、一緒に働きたいかどうか

です。

私は、社労士は先生業ではなく、「リーガルサービス業」と考えていますので、感じの良さとコミュニケーション力の高さは必須です。

また、人に関する職業ですので、繊細な神経の持ち主で、場面や相手によって臨機応変に対応できる順応性も必要です。

税理士業務が数学だとすると、社労士業務は国語っぽいなと感じています。社労士業務は答えが一つではないところが国語っぽく、そこが面白くもあり、また難しくもあるところです。

業務の一つに、社員の方と面談をする、というものがあります。この時に、初対面の方ですし、会社と契約をしている社労士ですから、だいたいはかなり警戒されてしまうのですが、短時間のうちにその警戒心を取り除き、本音を引き出すことが求められます。

人それぞれ個性がありますので、私のほうもいち早く「この人はどういう人か」を見極め、言葉を選んで対応しなければなりません。難しいけれど、楽しいです。

また、感じの良さはどのようにすれば出るのでしょうか。人の第一印象は5秒程度で決まると言われており、自己紹介をする1分で全て決まってしまいます。

私が見ているのは、

顔つき（笑顔）

身なり（清潔感があるか）

話し方（はきはきと知的か）

です。

顔が美人、美男子に越したことはありませんが、いくら綺麗な人であっても感じが悪い人もいます。顔の造りの良し悪しに関係なく、顔つきがとても良い人もいます。また、話し方の感じが良いこともとても重要です。

プロとしての能力を高める方法

開業して早17年になりますが、未だにセミナーや勉強会によく足を運びます。社労士に関連する法律は他の士業の法律よりもたくさん改正があると言われています。試験に通ったからといって、勉強せずにいると実務の世界で全くついていけなくなります。よく言われますが、まさに「一生勉強」です。元来なまけものの私は、社労士になっていなければ早々にぼけているかもしれませんが、社労士でいる限りぼけることはなさそうです。

ただ法律の勉強だけをすればいいかというと、そうではないというところがやっかいです。小難しい法律や新しい制度を、いかにわかりやすく伝え、うまく運用していただくお手伝いができるか、がプロとしての仕事です。プロは、自分の知識をひけらかすのではなく、相手のレベルに応じた言葉でわかりやすく伝えることが重要です。

「初対面の方に何かを説明する際、限られた時間の中『この人なら何を話しても大丈夫』、と思っていただき、数分間で相手の知識レベルや求めていることを察知し、相手に合わせた言葉で話し、仕事をいただく」

法律の勉強も大切ですが、これらのコミュニケーション能力も磨かなければプロとは言えません。この能力を高めるためにも、書物を読んだり、セミナーに参加したり、また知らない方と話す機会をあえて作ってみたりしています。

また、人と話すためには相手の話す内容に何でも合わせられるくらいの自分の知識や経験が必要と考えるため、私はあえていろんなスポーツに挑戦してみたり、新しい観光地などにはいち早く行き、古典芸術、美術、海外などにも目を向けるようにしています。もともと好きなのですが、ファッションや芸能界、テレビの話題についてもチェックは欠かしません。数年来ホットヨガに通っており、健康関連にも敏感です。また、最近やっと重い腰を上げてゴルフを始めました。一時期中断していたお茶のお稽古もやっています。気分転換と新しい知識習得と、一石二鳥です。飲食や美容に関しても仕事で必要ですから、一つの店に通い詰めるのではなく、できるだけ行ったことのない店に行くようにし、価格帯や客層、サービスレベル等を見るようにしています。

社労士は人にまつわるプロですので、好奇心旺盛、趣味は世間と人間の観察、くらいの人がプロとして向いているのではないでしょうか。

お客様の見つけ方

いわゆる「営業」ですが、一番難しいところですね。開業前に一番興味があり、不安な点でもありました。

同業者の集まりに参加してみてもいいでしょう。

開業したばかりの時は、いわゆる「異業種交流会」にも顔を出してみたこともあります。初めてでも知らない方と名刺交換はできると思います。

先輩社労士さんに、

「開業したばかりで仕事がありません。頑張りますので、何かあれば声をかけてください！」

と頼んでみるのも一つです。


前にも触れましたが、自分のウェブサイトを作るのもいいでしょう。自分のウェブサイトを作成し、世界中に宣伝すると、それを見た方が電話をかけてきてくれることもあります。ウェブサイトは作るだけでは見てもらえないので、ＳＥＯや広告を使って、人の目に触れるものにしてください。最近はＳＮＳ（フェイスブックやライン、ミクシイなど）をうまく活用している人も出てきています。お金をかけずに宣伝するにはいい媒体ですね。

ダイレクトメールを送る人もいます。「１０００に３つ」（１０００枚送って反響が３枚の確率）

と言われますが、何もしないよりはましです。

飛び込み営業をする人もいます。こちらも何もしないでいるよりも度胸をつけることができます。

私も一とおり経験はしました。人生何事も経験です。どんな手段であれ、どこかで出会った人との出会いを大切にする、これに尽きます。知り合った人とのご縁を大切にしていくと、どこかでお客様ができるようになっています。お客様が増えてくると、先に述べたようなことをあえてしなくてもお客様が見つかるようになります。

誠実に仕事をすれば、そのお客様がまた次のお客様に繋がります。結局、相性が合う人としか仕事は長続きしません。

社労士の友人を持つ

開業して何年間か、実は「同業者はしょせんライバルさ」と思っていました。開業前に何人かの先輩社労士さんにお世話になっていたり、開業後に先輩社労士さん主催の勉強会に参加させていただいたりしていたにもかかわらずです……。心の狭い私です。

でも、今は全くそうは思いません。同業者の友人ほど大切な人はいません。悩みがわかってもらえる、仕事でわからないところを聞き合える、仕事の話が合うなどなどです。

社労士の業務範囲はとても広いので、お客様からの依頼内容によっては、自分がやったことのないようなものも結構出てきます。そんな時に教えてもらえるのが同業者です。ただし、教えてもらうばかりではいけません。私は「ギブアンドギブ」の精神で、自分がわかることなら同業者にでも、税理士さんにでも、誰にでも、出し惜しみしないようにしています。そうでなければまさかの時に教えてもらうことはできません。

私の場合は、あるコンサルティング会社の集まりに参加していることもあり、ほぼ全国に知り合いの社労士がいます。また、その中でも特に仲良くしてもらっている仲間と一緒に飲み会や勉強会や事務所見学会などをしています。

開業してもしなくても、何かと世間は狭くなりがちですので、このように仲間と触れ合うことは気分転換にもなりますし、勉強やモチベーションアップにもつながります。

東京に出てきて思うのは、「世間にはすごい人がたくさんいる」という当たり前のことです。そんな人に刺激を受け、自分自身の目標も高く持てることは素晴らしいことだと思います。

自分の強みを発揮する

前にも書いたように自分自身が商品ですので、結局は自分の価値を高め、自分の強みを発揮することでしか仕事での成功はありえません。

自分の強みは何か?

面接などでもよく聞くようにしていますが、皆さんは考えたことはありますか? 本当に自分のことをわかっていますか?
自分の強みがわかっていれば、自ずと進むべき方向性は見えてきますね。ビジネスの世界では、他よりも優れていなければ選ばれません。自分が他よりも優れていて、勝てる点、選ばれる点は何か、ここをまず見極めることです。

周りの社労士を見ていると、自分の得手不得手をよくわかって仕事をしているな、と感心する人がいます。無駄な動きがないのです。

例えば、男性社労士ですが、手続き業務や給与計算業務は苦手なので、相談業務に特化していいます。具体的には日ごろはメルマガを書くことに集中し、そこから依頼がある相談者の労務相談を1時間5万円で受託する、というやり方です。

また、女性社労士の中には、社労士をお客様として、セミナーで社労士相手にビジネスをしている人もいます。そして本をたくさん書いています。

お客様をある業種に特化するのも強みになります。私が意識してやっていることは、私自身がサービス業が好きで得意分野でもあるので、お客様もサービス業の方が多くなってきます。アパレルや飲食店・カフェ、医療クリニック等、個人客を相手にするサービス業です。この業界に起こりうる問題や対処策についてはかなり経験を積んでいますので、他の人との差別化ができています。

先生業ではありません！

お客様からは、「先生」と言っていただくことが多いのですが、一度も自分のことを先生だと思ったことはありません。

もともと商社ＯＬからこの世界に入る時に、社労士になることが先生になることだとは全く思っていませんでした。社労士という国家資格を使ってビジネスをする、という感覚で始めました。今はさらに強くそう思っています（社労士の本なのに、なんだかすみません）。

しかし、この世界に入ってびっくりしたことは、自分を先生だと思っている人が多い（というか、ほとんど）ことです。社労士という資格に誇りは持つべきですが、残念ながら持ちすぎても世間の認識とずれが生まれます。弁護士や公認会計士、医師等とは違います。

私もＯＬをしながらこの資格を取得しました。資格を取得する直前まで、この資格がどういうものか知りませんでした。その程度の資格だ、と思ったほうがいいということです。

資格を取得したら世界はバラ色、のように専門学校などでは言いがちですが、絶対にそんなことはありません。資格に頼っているようでは、ビジネスとして成り立ちません。資格は、勉強した結果、それだけです。

ただ、社会保険労務士の業務範囲の仕事をしようと思うと、やはり資格は必要です。また、国家資格者としての倫理観や道徳も必要です。

私がお伝えしたいのは、資格を取って、はい先生になりました、仕事が来ますよ、なんてことは、ありえないということです。社会保険労務士として活躍するためには、勉強の知識ではなく、商品である自分自身を磨くことが、まさに重要なのだということです。

先生です、と偉そうにしていては社会保険労務士として活躍ができそうにありません。

ぜひ、社労士の試験に合格した、ということを自分の自信として心におさめ、今後は知識の習得のみならず、実務で役立つ実践的な知識や物の考え方、人との接し方など、実際に必要な力の習得に励んでみてください。

おわりに

この本を執筆させていただき、改めて社労士という資格、仕事について考える良い機会となりました。普通のＯＬだった私が、ふとしたきっかけから社労士になったわけですが、今では中小零細企業の事業主と一緒に日々悪戦苦闘しながら生きています。

「だめだったら違う道を考えればいい。何もしないよりやって後悔するほうがいい」「失敗したからって命まで取られない」と思って開業という道を選び、今では多くのスタッフとともに頑張っています。今となって思えば、世間の右も左もわかっていない27歳の私がよく今までやってこれたものです。

思い返せばいろんな経験をしました。開業当初はとにかく毎日必死でした。「必死」×「３６５日」で、体重は勝手に減っていきました。久しぶりに会った友人からは身体のことをとても心配されましたが、自分では自分の身体の変化に気づかないほど必死でした。

そして、精神面でも開業する前の自分とは内面は180度違う自分になっていました。大袈裟ですが「生きている」と実感しました。また、普通に生活する、できる、ということがとても大変なことだと初めて気づきました。それまでそんなことに気づく機会もなく生活させてくれていた両親には本当に感謝します。私の個性を尊重し、自由に放任してくれた素晴らしい両親の理解があったからこそ、私は社労士になれました。今でも心配していると思いますが、常に「あんたの人生なんだから、しっかり生きなさい」と応援してくれる寛大な心には敬服します。どうもありがとう。

商社時代の経験も今の仕事にとても役立っています。

当時私の周りにいて社会人生活のいろはを、時には厳しく、しかしとてもあたたかく見守ってくださった方々の影響を多く受けています。

商社マンは、とても小さなネジなどを扱う人もいれば、飛行機を扱う人もいます。国内で商売をする人もいれば、世界を相手に僻地で活躍する人もいました。しかし、

「どんな仕事も一緒」ということを学びました。

何を売ろうが一緒、結局は自分なのだと。扱うものは違っても、結局自分自身が信頼されなければ

ばだめなのです。

「人間力」がなければ相手の心に到達しません。

また、当時、女性の先輩からは、「心配り」「女性らしさとは」を教わりました。これはとても深いものです。うわべの美しさではなく、また、単に優しい、とかでもなく……。真に魅力的な女性とは如何なるものか、ということを教わりました。

今、社労士として17年も生きてきて、毎日が楽しく、充実しており、もうそんな毎日が普通になっているので、特に忙しいとも思いませんし、辛いとも感じません。17年経ってもまだまだ毎日が必死で、そして楽しく仕事ができています。充実していることに慣れてしまっていますが、きっとこれは素晴らしいことなのでしょう。


社労士の業務は中小企業事業主の悩みを一緒に解決し、一緒に喜びを分かち合うことだと思っています。最近は残業問題、メンタルヘルス問題等、会社にとって頭の痛い問題が山積で、私が開業した当時よりも企業の労務問題は格段に増えています。

社長が頭を抱えて悩む姿を見るにつけ、本当に心が痛みます。そして、「何とかせねば！」と悩み、考え、時には眠れない日もあります。絶対に朝は来る、と信じて問題を解決しています。

まだまだ微力ではありますが、まずは問題が起こらないよう、もし起こってしまった時には最善の解決策を考えだせるよう、これからもやり続けていきたいと思います。

今回の出版に際して、コーディネーターの株式会社一凛堂・稲垣麻由美さんには大変お世話になりました。絶妙なるタイミングで連絡をいただき、リズムを作っていただきました。ありがとうございました。また、弊社あすか社会保険労務士法人の山田真由をはじめ、体験談を執筆いただいた皆様。これから社労士を目指す人たちに一番参考になったのではないかと思います。どうもありがとうございました。

また、家に仕事を持ち帰っても何も文句も言わず、協力してくれている夫に心から感謝しています。

大東恵子

二〇一四年六月

［著者紹介］

大東　恵子（おおひがし　けいこ）
あすか社会保険労務士法人代表社員、特定社会保険労務士、2級FP技能士
大阪府生まれ。同志社大学経済学部卒業後、日商岩井株式会社（現在の双日株式会社）を経て1997年社会保険労務士事務所を開業し、2008年あすか社会保険労務士法人に組織変更する。現在、東京、大阪、名古屋に事務所展開。お客様のニーズにあったリーガルサービスの提供を心がけ、起業支援から一部上場企業の労務問題まで幅広く対応している。

シリーズわたしの仕事④
社会保険労務士

2014年6月30日　第1刷

著　者　大東恵子
発行者　村上克江
発行所　株式会社　新水社
〒101-0051 東京都千代田区神田神保町2-20
http://www.shinsui.co.jp
Tel 03-3261-8794　Fax 03-3261-8903

印　刷　モリモト印刷株式会社
製　本　ナショナル製本協同組合

シリーズ〈わたしの仕事〉

＊好評発売中

①音楽療法士

長坂希望［著］本体：1500円

「音楽療法士」ってどんな仕事？　どんなことをするの？　どうすればなれるの？　音楽療法士になるために必要なこと、仕事の手順や内容、さらには自分でできる音楽の活用法をやさしく解説。音楽療法士をめざすひとのためのQ＆Aも充実。

②看護師

近藤隆雄、松谷容範、中友美【著】本体：1600円

看護師としてあなたらしく輝くために。

金銭面、採用、仕事内容、転職、ライフサイクルとワークライフバランス、アメリカで働くこと、患者さんとの出会いなど、「看護師の仕事」を多方面から分析、考察！

③中小企業診断士

幸本陽平【著】本体：1500円

中小企業の経営を支援する専門家、

「中小企業診断士」を徹底分析！

現場での経験から、経営者に寄り添い、未来を指し示し、共に歩む仕事に従事する姿をクローズアップ。

＊刊行予定

◎薬剤師　　◎行政書士
◎弁理士　　◎産業カウンセラー

等、さまざまな職業を紹介する予定です。

＊本体価格はすべて税別です。